내가 카페에서 들은 말

이성혁

오늘도 웃어야 하는 당신에게

들어가며

　소리의 바다. 문에서 들려오는 바람 소리, 에스프레소 머신에서 들리는 커피가 추출되는 소리, 스팀 소리. 얼음 딸그락거리는 소리. 다양하고 아늑한 소리의 바다에 살고 있다. 귀로 들어오는 다양한 소리는 고막을 바쁘게 한다. 나는 잠수하여 나의 오늘로 들어간다. 고막은 진공포장 되고 아무런 소리가 들리지 않는다. 그러다 조용하게 스며드는 소리가 있다. 어딘가에서 들려오는 소리. 내 안에서 들리는 작은 소리에 귀 기울인다. 밖에서 들려오는 커다란 소리의 볼륨을 조절한다. 첨벙첨벙 들려오는 소리들. 마음에서 소리들 물장구친다.

 내가 있는 바다는 고요하기도 하고 출렁거리기도 한다. 심해로 들어갈수록 앞이 보이지 않는다. 심해로 들어갈수록 보지 못했던 것들이 보인다.

 유영하는 말과 마음들. 많은 말들이 귀로 들어오고 마음으로 사라진다. 많은 말들이 마음에서 생겨나고 죽는다. 죽은 말들은 마음에 묻힌다. 묻힌 것들은 밑거름이 된다. 거름을 뚫고 싹이 자란다. 나무인지 풀인지 어쩌면 잡초인지. 조금씩 싹이 성장한다. 푸릇푸릇 자란다. 조금씩 자라는 오늘은 미래로 가는 가장 가까운 공간.

나의 하얀 선과 검은 선을 생각했다

잠은 적은데 졸음은 많은 편이다

커피는 매일 만들고 분리수거는 가끔 한다

타격을 위해 들어간다. 라기보다는

울렁거리는 마음들

파도를 즐겁게 넘기는 상상

자꾸 미음이 말을 건다

그렇게 시작되었다

무례에 익숙해지는 일은 쉽지 않다

하루에 한 번 이상은 꼭 보게 되는 사람이 있다

나의 첫 어른

네모난 공간을 둥그렇게 만드는 일

감사합니다. 행복한 하루 되세요

사랑은 유성매직으로 쓰세요

마음의 눈 밑에 점이 있는 사람

날마다 새로워지고 싶다

위로는 입술을 통해

품질기한

커피 찌꺼기는 행복을 순환해

물은 적게, 얼음은 많이

오케이 오케이

나를 보호했던 사랑들

나는 언제쯤 내가 바라던 내가 될까

고요함이 담기는 시간

마음에 과수원을 짓자

보이지 않는 다정함

어떤 대화는 이어폰 속 음악보다 낫다

출근길 단상

가운뎃손가락

노란 모자 커피집

나는 가면을 쓰고 있다

매일 수수께끼를 풀고 있다

경찰관이 매장에 올 때마다 마음이 물티슈가 된다

핫도그 할머니

집으로 가는 길

매장의 배를 채우는 사람들

씨름을 하고 있다

이상한 책임감이 생긴다

"닉네임이 뭐예요?"

마음도 싱크대로 버려진다

쪽지 시험

롤러코스터 같은 사람

음료가 만조를 이루는 순간

그냥 흘러가는 대로 가 보자

'행보'에서 'ㄱ' 하나만 더 붙이면
'행복'이라는 단어가 되듯

나의 하얀 선과
검은 선을 생각했다

매장에 오는 고객은 다양하다. 주변에 무엇이 있는지 따라 매장에 오는 고객층이 다르다. 이전에 국제학교 주변 매장에서 근무할 때는 젊은 학부모들이 많았고 오래된 주거단지 주변 매장에서 근무할 때는 주부층 고객들이 많았다. 지금은 유흥가와 주거단지 주변에서 근무하고 있다. 유흥가와 주거단지의 커다란 간극만큼 다양한 고객들이 많이 온다. 그리고 매장 고객층을 보는 것에는 또 다른 한 가지가 있다. 바로 주변에 있는 건물에 따라 오는 사람이 다른 것인데 우리 매장 근처에는 아주 커다란 여성병원이 있다. 그래서 여성병원을 다니는 분들이 우리 매장에 주요 고객이기도 하다.

우리 매장의 출입구 쪽은 커다란 창으로 만들어져 있다. 그 커다란 창이 한쪽의 벽이 되는 덕분에 태양이 뜨거운 날에는 안에서도 볕을 느낄 수 있다. 포스기 앞에 서서 문을 바라보고 서 있으면 고객이 어느 방향에서 들어오는지 알 수 있다. 매장 안쪽에서 바라볼 때 오른쪽은 유흥가, 왼쪽은 거주 단지와 상업단지 그리고 여성병원이 있다. 매장 밖에 있던 사람이 매장 문을 열고 들어와 고객이 되는 순간 나는 환영 인사를 하고 주문을 받을 채비를 한다. 창문을 바라보며 근무하다 매장의 왼쪽에서 고객이 배가 조금 부르고 손에 무언가를 들고 있다면 나는 익숙하게 조심히 주문을 받기 시작한다.

손에 XX여성병원이라는 서류를 들고 있다면 나는 더욱 고객의 주문을 경청한다. 나는 아주 관찰력이 좋은 사람이기 때문에 고객이 어디서 온 줄 알고 있다. 고객은 한참을 조심스럽게 메뉴 보드를 응시한다. 어떤 음료가 지금의 나를 가장 안락하게 해줄 수 있을지 생각 중인 것 같다. 사실 고객은 고객 자신, 즉 '나'가 아니라 '우리'를 안락하게 해줄 수 있을지 생각 중이다. 혼자 왔지만 혼자 먹지 않는 음료를 주문한다. 고객님이 '자몽허니블랙티'를 주문하거나 '쿨라임'을 주문하는 경우에 나는 꼭 한 번 되묻는다.

"고객님, 음료에 카페인 들어가는데 괜찮으세요?"

그렇게 말하면 고객은 "아, 저기에 카페인이 들어가나요? 그럼 그냥 디카페인 아메리카노 주세요"라고 말한다. 아주 여러 번 겪은 일이다. 당신의 조심스러움에 나의 조심스러움을 더하고 싶다.

어느 날은 고객이 들고 온 서류봉투와 하나의 사진을 보게 되었다. 하얀 선과 검은 선으로 만들어진 누군가의 첫 증명사진. 초음파 사진이었다. 미디어가 아닌 내 눈으로 처음 본 초음파 사진이었다. 어디가 눈, 코, 입인지는 모르지만 어떤 증명사진보다 소중하게 들고 있는 고객의 손이 어느 때보다 따뜻하게 보였다. 그러면서 나의 하얀 선과 검은 선을 생각했다.

나는 대학병원에서 태어났다. 나는 열 달을 넘

어 열한 달 가까이 엄마의 배 속에 있었다. 남들보다 오래 엄마의 배 속에서 나오지 않고 있었다. 오래 있던 공간에서 나오다 혹시 큰일이 생기지는 않을까 대학병원에서 세상을 보게 했다. 그때부터 나는 조금 늦은 아이였다.

지금이야 평균 키와 비슷한 키이지만 교복을 벗기 전까지는 항상 남들보다 성장이 느린 아이였다. 구구단 외우기도 남들보다 조금 느렸다. 성적도 언제나 가장 늦게 오르는 아이였다. 언제나 키는 앞에서 일, 이등인 아이였다.

그런 내가 남들보다 느리지 않은 것이 있었다. 바로 오래달리기였다. 중학교 시절에 학교에서 마라톤 대회를 했다. 정확히 기억나지 않는 거리지만 나는 아주 상위권으로 들어왔다. 내가 전교생 중 손에 꼽는 상위권에 들어오니까 우리 반에서 아주 큰 이슈가 되었다. 그럴 만도 했던 것이 키가 140cm도 간당간당한 아이가 오래달리기 순위권에 드니까 다들 나를 다르게 보는 것 같았다. 다르게 보여진다는 것은 즐거운 일이다. 그 시절부터 체육 시간이 더 즐거워졌다. 즐거운 체육 시간은 나를 다른 사람으로 만들었다. 남들보다 작지만 한 발짝 더 나가는 사람이 되려고 노력했다. 나는 공부를 못했다. 물론 성적은 그대로였지만 성격은 그 시절부터 성장하기 시작했다.

당시 나는 매일 태권도장을 다녔다. 그게 오래 달리기에 큰 도움이 된 것 같았다. 한 번도 그렇게 오래 달려보지 않았지만 매일 조금씩 해왔던 운동이 도움이 되었던 것 같다. 주변 친구들은 국영수를 열심히 했고 나는 매일 운동했던 결과이기도 할 것이다. 나의 국영수 시험표는 비가 내려 젖었지만 나의 태권도복은 매일 땀으로 젖었었다. 같은 나이를 살았지만 다른 공간에서 땀을 흘리고 있었다. 우리는 다른 사람이니까.

각자 땀방울이 각자의 무대에서 흐르듯 나도 나만의 무대가 있었다.

나는 항상 그런 식이었다. 남들보다 한 발짝 느린 사람이었다. 나의 이십 대도 언제나 그렇게 생각하며 살아왔다. 나는 남들보다 취업도 느렸고 나를 행복하게 하는 일을 찾는 것에도 느렸다. 그래서 나는 항상 조급한 마음을 가지고 살았다. 항상 나는 오래달리기를 잘하는 사람이라는 것을 잊고 살았다.

여전히 조심스럽게 말해보자면 오래달리기를 더 잘하는 사람이 되고 싶다. 가슴이 답답하고 터질 것 같아도 견디는 힘이 있다고 말하고 싶다. 나만의 템포로 한 발짝씩 내딛고 싶다. 나의 트랙에 그어진 하얀 선과 검은 선을 따라 달리고 싶다. 미래의 나는 그렇게 한발, 한발 달리다 보면 완성될 것이라고 생각한다.

잠은 적은데 졸음은 많은 편이다

　　　　　잠은 적은데 졸음은 많은 편이다. 점심을 먹고 잠깐 누웠다 졸음에 빠진다. 혹시 몰라 설정해 놓은 알람에 귀가 시끄럽다. 가방을 챙기고 집을 나선다. 출근할 때도 버스에서 빈번하게 존다. 교통카드를 찍는 순간부터 자리를 확인한다. 아니 가끔은 정류장으로 버스가 다가오는 그 순간부터 빈자리를 확인한다. 자리에 앉아서 쉬고 싶다. 졸음에서 일어나 일을 하러 가는 길에도 자리에 앉아서 졸고 싶다. 오는 졸음을 거부하기 싫다. 버스에 앉아서 두 눈을 감고 졸음에 빠진다. 덮어진 시야는 아무것도 바라볼 수 없게 어둡다. 눈꺼풀이 이불이 된다.

그런데 귀는 밝다. 귀를 열어두고 내려야 할 정류장이 부르는 소리를 찾는다. 정류장을 찾으면 귀는 어두워지고 눈은 밝아진다. 밝아지지만 맑아지지는 않는다. 눈꺼풀이 무겁다. 눈꺼풀보다 무거운 매장 문을 두 손으로 가벼운 척하며 연다. 매장에는 커피의 냄새와 사람들의 소음이 뭉쳐있다. 귀가 복잡하다. 고막이 바쁘다.

커피를 한 잔 마시고 카페인을 충전한다. 옷을 갈아입고 근무를 준비한다. 이런 과정이 즐거운 날이 있고 즐겁지 않은 날이 있다. 반복되는 것들은 다 지치는 느낌이다. 앞치마를 두르고 반복된 인사를 전한다. 매장으로 들어오는 사람들에게는 '환영합니다'라는 인사를 전하고 매장을 나가는 사람들에게는 '행복한 하루 보내세요'라는 인사를 전한다. 하루에도 수십 번 환영한다는 인사의 말을 전한다. 사실 환영하는 마음이 가득하지 않은 날들도 있다. 그래도 행복한 하루가 되라고 말하는 마음 중 대부분은 진심이다. 행복한 하루가 되었으면 한다. 매장을 나가는 고객도 매장을 지키고 있는 나도. 그렇게 반복된 커피 추출과 세척, 쓰레기를 줍고 분리수거를 하고 마지막까지 청소를 마치고 매장을 나선다. 모든 불이 잠든 매장은 역시나 어색하다. 매장도 피로를 충전할 시간이 필요하다.

집으로 돌아오는 길에 따릉이를 탈지 버스를 탈지 생각한다. 따릉이의 자유로움이냐, 버스의 약간의 안락함이냐를 생각하다 버스를 고른다. 조금이라도 쉬고 싶다. 교통카드를 찍고 자리를 찾는다.

퇴근하는 버스에서는 조는 일은 많지 않다. 정신이 잠들지 않은 채로 집으로 돌아온다. 씻는 일을 미루지 않고 해치운다. 하루의 고됨을 온수로 녹인다. 방으로 돌아와 방의 불을 끈다. 어두워진 방에서 스탠드를 찾는다. 스탠드의 약간의 불빛이 방 안을 채운다. 소설을 몇 장 읽고 에세이를 몇 장 읽는다. 속으로는 '자야 하는데, 자야 하는데'를 반복한다. 스탠드의 불을 끄고 방을 다시 암흑으로 채운다. 스마트 폰을 들어 유튜브를 항해한다. 수상한 밤들이 나를 채운다.

낮에는 잠을 찾아 그렇게 졸았으면서 밤에는 잠들지 못한다. 일찍 잠들어 버리면 바로 내일이 시작된다. 오늘이 시작된 것이었는지도 모르게 하루가 흘렀는데 그렇게 시작된 내일이 싫다. 내일은 어떤 답답함으로 채울까. 나는 모순으로 가득하다. 피곤한데 피곤하지 않다.

사실 피곤한 것이 아니라 피로하다.

커피는 매일 만들고
분리수거는 가끔 한다

　　　　　분리수거 이야기를 해야겠다. 매장 한편에 티슈가 있고 다 마신 컵과 다 먹은 그릇을 정리하는 곳이 있다. 컨디먼트바라고 하는 공간이다. 정해진 시간마다 그곳을 정리하러 가는데 가끔 미처 버려지지 못한 쓰레기들이 그 공간 위에 쌓여있기도 하다. 그 공간 바로 앞, 눈에 보이는 자리에 커다랗고 명확하게 재활용 쓰레기와 일반 쓰레기를 분리해서 넣어 달라. '모두의 안전을 위해서 빨대는 직접 버려주세요'라고 적혀있다. 눈앞에 적혀있는 글을 무시하고 빨대가 음료 잔에, 그 주변 바닥에 마음대로 있는 것을 볼 때마다 금연 구역이라고 적혀있는 곳에서 흡연하는 애연가들이 생각난다. 그리고 그런 생각이 든다.

'사람들은 다른 사람의 침이 더럽지 않은가?'

'이런 곳에서 오염을 생각하는 내가 너무 결벽증인가?'

그런 생각을 하며 정리를 위해 컵에 꽂혀진 빨대를 잡는다. 빨대 끝부분, 사람들의 입이 닿는 곳의 가장 먼 부분을 잡아서 빨대를 쏘옥 뺀다. 가끔 빨대 끝에 있는 빨간 틴트 자국이 손에 묻을 때면 기분이 정말 좋지 않다. 아무튼 빨대와 컵을 분리해 쓰레기통에 넣는다. 그리고 돌아가 손을 씻는다. 박박 씻는다. 하루에도 셀 수 없이 손을 씻는다. 가끔 근무 중 내 손이 너무 더럽다고 생각할 때가 많다.

일정한 시간이 되면 그 공간을 열어 그 앞에 재활용 봉투, 일반쓰레기봉투를 하나씩 펼친다. 두 봉투를 대충 정리해 사무실 뒤에 있는 싱크대 앞으로 온다. 싱크대 앞에서 재활용 쓰레기와 일반 쓰레기를 분리한다. 재활용은 재활용끼리 모으고 일반 쓰레기는 일반 쓰레기들끼리 모은다. 역시나 그렇듯 다양한 쓰레기가 분리되지 못한 채로 엉켜있다.

내 마음도 얽히고설킨다. 마시다 만 음료부터 물에 젖은 빨대, 한 입 먹고 버려지는 케이크들. 자신의 차에서 가져온 재떨이 같은 정말 말 그대로 쓰레기들이 있다. 당연한 쓰레기도 있고 정리하는 데 불편한 쓰레기도 있다. 그중에 마음에 불편한 것이 있다. 바로 분홍색 임신테스트기다.

2년 넘게 일을 하고 있다. 2년간의 분리수거 중 꽤 여러 번 임신테스트기를 분리수거했다. 처음 그것을 마주했을 때는 처음 보는 물건에 대한 놀라움이었다. 그 안의 결과는 보지 않았다. 그냥 성분이 플라스틱인 것 같아서 대충 플라스틱 분리하는 곳에 놓았다. 두 번, 세 번째 분리수거를 했을 때는 이게 도대체 여기에 왜 있지 하는 생각이 들었다. 그때도 역시 그 결과를 보지 않았다. 네 번째 발견할 때의 머릿속 생각은 이것을 이곳에 버린 사람은 버리기 전에 어떤 생각을 했을까였다. 혹시 혼자 버린 것이 아니라면 그들은 어떤 이야기를 나누었을까 하는 생각이 들었다. 어떤 이야기가 오고 갔는지는 모르지만 커피집 쓰레기통에서 임신테스트기가 발견되는 것은 평범한 일이 아니라는 생각을 했다. 평범하지 않은 일이 빈번하게 일어난다. 빈번하게 버려지는 임신테스트기에는 무슨 사연이 있을까. 미디어에서 나온 것처럼 한 줄이니 두 줄이니 확인하지 않기를 잘한 것 같다. 혹시 두 줄이, 그게 버려졌다면 내 마음이 이상할 것 같았다. 생명이 태어나자마자 분리수거되는 기분일 것 같았다. 아무튼 생명은 분리수거되지 않았으면 좋겠다. 그리고 임신테스트기도 일반 쓰레기에도 재활용 쓰레기통에도 들어있지 않았으면 좋겠다. 그냥 그들이 소중히 가지고 갔으면 좋겠다. 그러면서 소중하게 가지고 갈 수 있는 생명이었으면 이곳에서 테스트를 하지 않았겠지. 하는 생각이 스친다.

아무튼 이따금 쓰레기통 분리수거를 할 때마다 분홍색 임신테스트기가 생각난다. 그들은 어떤 마음이었을까. '다행', '불안', 혹은 '속상'의 마음이었을까. 그들의 마음을 알 수 있는 방법은 없다. 단지 그들이 남기고 간 흔적에 그들의 미래를 두지 않았으면 좋겠다.

 수정되지 않음을 통해 그들의 계획이 수정되지 않았으면 좋겠다.

 수정됨을 통해 그들이 꿈꾸던 미래가 고정된다면 좋겠다.

그들은 어떤 마음이었을까.
'다행', '불안', 혹은 '속상'의 마음이었을까.

타격을 위해 들어간다.
라기보다는

　　　　　　대타를 다녀왔다. 내가 일하는 카페에서는 원래 일하던 매장이 아니라 다른 매장에 가서 일하는 것을 파견근무라고 한다. 우리 매장은 정원보다 근무하는 인원이 많다. 우리 매장 파트너들은 번갈아 다른 매장으로 파견 근무를 간다. 이번에 내가 파견을 가게 되었던 곳은 조금 먼 곳에 있었다.

　서울에서 근무하는 나는 분당의 새로 오픈한 매장으로 하루 파견근무를 자원했다. 매일 반복된 생활에, 새로운 분위기를 하루 느껴 보고 싶었다. 오랜만에 출퇴근 시간의 지하철을 경험했다. 거리두기는 필요하지 않았다. 거리를 둘 수도 없이 빼곡한 정수리들만 모여 있었다. 그렇게 정수리들에 하나의 정수리가 되어서 열차에 몸을 실었다.

분당은 처음 가보는 도시였다. 커다란 백화점에 있는 커다란 매장이었다. 커다란 만큼 매출도 아주 컸다. 바빴다. 너무나 바빠서 만들어진 지 3주 만에 3명이 퇴사를 확정했다고 했다. 나 말고도 나처럼 다른 매장에서 파견을 온 파트너가 있었다. 아무튼 나에게는 낯선 도시와 낯선 매장이었다.

내가 일하던 순간과 공간은 익숙하다. 그렇지 않고 대타로 들어간 공간은 매번 다른 환경이다. 야구에서 대타가 들어가는 느낌이 그럴까. 대신 타격을 위해 들어간다. 라기보다는 그냥 하나의 자리를 채우러 들어가는 느낌은 아닐까 하는 생각을 하며 앞치마를 매었다.

익숙하지 않은 환경에서는 적응 기간이 필요하다. 능숙해지지는 않아도 미숙하지 않기를 위해서. 처음의 얼굴들과 인사를 나누고 주어진 일을 수행하기 위해 분위기를 파악했다. 빠르게 파악해야 실수를 줄일 수 있다. 사람의 관계에서도 마찬가지다.

새로운 환경도 어렵지만 새로 만나는 사람도 어렵다. 환경은 내가 내 스타일대로 파악하면 된다. 사람은 새로운 사람의 분위기도 파악해야 한다. 그리고 새로운 사람이 나를 파악하는 과정도 파악해야 한다.

누군가를 대신하는 대타에게 바라는 것은 거대한 홈런이 아니고 잘 버텨주는 것이라고 생각한다. 아주 한가한 매장이 아닌, 정신없이 바쁜 매장에서의 근무는 조금 힘들었다. 오랜만의 바쁨이었다. 새로운 매장, 새로운 사람들과 빠르게 손발을 맞춰야 했다. 새로운 것은 항상 어색하다. 쉽지 않았다.

한 연차가 많은 파트너는 나와 같이 파견을 나온 파트너를 상당히 답답해했다. "아, 이렇게 하면 되잖아요"라는 말을 했다. 그 파트너는 써보지 않은 머신 앞에서 익숙하지 못하다는 것이 이유였다. '바쁜 건 알겠는데 왜 말을 저렇게 하지.' 어디를 가더라도 텃세를 부리는 사람이 있다고 생각했다. 도와달라고 불러놓고 익숙하지 않은 사람에게 능숙하지 않다고 답답해하는 부분이 불편했다. 마음이 다르지 않고 틀렸다. 틀려먹었다. 도움이 필요할 때와 도움을 받을 때의 마음이 달랐다. 이 별것도 아닌 것에 텃세라는 것이 존재하구나라고 생각했다.

큰 틀에서는 같지만 각자가 배워온 것이 다르다. 자라온 환경이 다르듯 모든 파트너가 같은 과정을 겪어온 것은 아니다. 어쨌든 음료만 만들면 되는 일인데 답답해하고 불편해하는 것을 보면 이해가 잘 되지 않는다. 그리고 무엇보다 도움을 주러 온 사람이다. 도움이 없었다면 어려웠을 일들을 어렵지 않게 해주러 온 사람이다.

이전에 바쁘게 일하던 순간들이 생각났다. 내가 바쁘게 일할 때 우리 매장에 대타를 와주던 파트너들이 생각났다. 누군가를 대신한다는 일은 그 자체로도 고마운 일이었다. 그래도 가끔 모난 사람들이 있다.

대타에게는 홈런을 바라지 말아야 한다. 진루를

하면 다행이고 타석에 서주면 감사한 일이다. 대타가 타석에 나가는 이유는 자신을 위해서가 아니라 팀을 위해서니까. 타점을 올리지 못해도 비난하지 말자. 대타도 대타의 임무가 있다.

차갑고 식은 것들은 온기를 가지지 않는다.
미지근한 마음들이 울렁거린다.

울렁거리는 마음들

커다란 8차선 도로 사이에 있는 우리 매장은 매장 밖의 차들이 다니는 소리들이 매장 안으로 들어온다. 구급차의 사이렌 소리, 경찰차의 사이렌 소리, 차들이 빵빵거리는 소리까지 다 들어온다. 그리고 고객들이 빵빵거리며 매장 안으로 경적을 울리는 소리.

마음에 '빵' 소리가 들어오면 마음이 '뻥' 찢어진다.

상상해야지.
불안이라는 배를 서프보드로 바꿔서
파도를 즐겁게 넘기는 상상.

파도를 즐겁게 넘기는 상상

　　　　구름이 많은 날에는 하늘 사진을 찍기 바쁘다. 멀리 있는 구름과 가까이 있는 구름들이 서로 마주보고 있는 하늘을 볼 때면 마음이 편안해진다. 눈이 부셔도 하늘을 자꾸 보게 된다. 얼마 전부터 하늘이 정말 맑다. 미세먼지는 보이지 않는다. 가시거리가 확보되어서 몽골인이 아닌데도 멀리 바라볼 수 있는 눈을 가지게 된 것 같다.

　요즘 같은 날씨에 멀리 보이는 건물이나 산을 볼 때면 마음이 뻥하고 뚫린다. 근심이 사라지는 기분이 든다. 물론 그 근심은 바로 다시 나를 보러온다. 내가 가장 사랑하는 시간이 있다. 해가 집으로 가는 일몰 시간이다. 일몰을 프랑스어로 '개와 늑대의 시간'이라고 한다. 아무튼 '개와 늑대의 시간'이라는 단어는 일몰 때에 저기서 오는 짐승이 개인지 늑대인지 구별이 되지 않는 시간을 나타내는 단어다. 태양을 뒤로하고 나에게 다가오는 짐승이 꼬리를 흔들며 다가오는 우리 집 개인지 내 상처에서 나오는 피 냄새를 맡고 오는 늑대인지. 잠시 짧게 지나가는 일몰 시간에 나는 많은 생각에 빠진다.

생각이 많다. 대부분은 망상이지만 가끔은 미래에 대한 숙고를 하기는 한다. '나의 미래는 어떻게 타오를까'라는 생각을 가끔 한다. 날씨가 더워질수록 미래에 대한 고민이 더 커진다. 많지 않은 월급, 아니 터무니없이 적은 월급으로 살아가면서 나의 미래에 고민은 커져만 간다. 다양한 고민들은 나를 축소시킨다. 고민이 나를 불안이라는 고통으로 몰고 간다. 불안하다. 내가 타고 있는 불안이라는 배는 파도를 잘 넘기지 못한다. 커다란 파도가 올 때마다 뒤뚱뒤뚱한다. 커다란 파도가 오더라도 잘 넘고 싶다.

결국 해가 끝까지 넘어가고 일몰이 지나가면 하늘은 어두운 향기를 전한다. 매번 보이던 달도 요즘은 잘 보이지 않는다. 축 떨군 고개를 올리면 어두운 하늘이 보이고 고개를 내리면 바닥이 보인다. 고개를 적당히 들면 전봇대의 LED 전구가 보인다. 요즘은 뭐든 LED로 바꾸나보다 라고 생각한다. '가성비가 좋기 때문이겠지.' 생각한다. 가성비라는 단어의 뜻을 찾아보았다. '가격 대비 성능'이라는 말의 준말이라고 한다. 역시 뭐든 짧게 줄이는 것은 아주 오래전부터 모든 사람들이 원하는 것이라고 생각했다.

집으로 돌아오면 바로 잠들지 못한다. 잠은 오는데 내일이 기대되지 않는다. 나의 내일이 자꾸만 반복되는 것만 같다. 나에게 실망한다. 기대를 잘 하지 않는다. 대부분 나의 기대의 결과는 실망이었다. 기대하지 않으면 실망하지 않는다. 그래서 이제는 기대하지 않기로 했다. 기대는 내가 스스로를 준비하지 못해서 오는 허상이라는 생각이 든다. 허상을 가지지 않을 것이다. 그리고 상상만 할 것이다. 상상이 이루어지면 좋고 상상이 이루어지지 않았어도 기대하지 않았으니 실망할 일은 없다. 상상은 나를 성장시킨다고 믿는다.

상상해야지.
불안이라는 배를 서프보드로 바꿔서 파도를 즐겁게 넘기는 상상.

자꾸 마음이 말을 건다

햇볕이 따뜻하고 선선한 바람이 부는 계절이 오면 나는 코찔찔이가 된다. 하루 종일 코가 간질거리고 재채기를 한다. 알레르기성 비염은 나를 너무 눈물 나게 만든다. 어린 시절에는 비염이 없었다. 이상하게 성인이 되고 생겼다. 알레르기라는 것이 없다가도 생긴다고 생각했다. 정확히는 23살, 군복무를 마칠 무렵 생겼다. 그때부터 간질간질했다.

당시 나는 복학을 앞두고 있었다. 역시나 많은 고민을 하는 시기였다. 대학을 계속 다녀야 하는가, 그만두고 수능시험을 다시 치러야 하는가 라는 고민에 쌓여있었다. 무겁게 쌓여있었다. 또 의무경찰로 군복무를 했던 나는 차라리 다니고 있는 대학을 그만둬버릴까라고 생각했다. 그리고서는 대학 졸업 후로 계획해 두었던 경찰공무원 시험 준비를 바로 시작해 볼까도 고민했었다. 많은 고민 끝 내린 결론은 우선 복학하는 것이었다. 입대 전 나는 영상을 전공하고 있었다. 영상과를 한 학년 다니고 입대를 했었다. 2년제 대학을 다니고 있었다. 덕분에 복학 후 한 학년만 마치면 바로 졸업을 할 수 있었다. 물렁하게 짜 놓은 계획이었다. 전역 후 탄탄한 계획은 없었으니 입대 전 물렁했던 '우선 복학'을 선택했다.

물렁했던 계획 때문이었을까. 수업을 들으며 나는 항상 고민을 했다. 나는 내가 원하는 곳으로 가고 싶어 했는데 이곳이 내가 지금 원하는 곳일까 생각했다. 복학한 학교는 여전히 지루했다. 군 생활을 끝내고 복학했지만 하나도 신나지 않았다. 돌이켜 보면 나는 새내기 때도 신나지는 않았다. 원하는 전공이기는 했지만 매일 촬영하고 편집하는 일이 즐겁지 않았다. 영화를 보고 다큐멘터리를 보는 것은 좋아하지만 그것을 스스로 만드는 일은 어렵다고 생각했다. 나는 항상 그렇게 생각했다. 스스로 무언가를 만드는 일은 똑똑한 사람이나 매우 부지런한 사람들이 하는 것이라고 생각했다.

나는 욕심쟁이라서 되고 싶은 것이 참 많다. 그 욕심을 몇 가지 내려놓고 세 가지 정도 군에서 명확하게 했다. 하나는 작가가 되는 것이고 하나는 경찰관이 되는 것이다. 그리고 아주 나중에 나이를 먹어서 내가 만든 소설로 영화를 만들어보고 싶은 꿈을 꾸었다.

복학 후 학교에 다니며 생각했다. '내가 지금 학교에 다니고 있는 것은 이 세 가지 꿈을 이루는 것과 관련이 없다.' 의미 없는 것에 시간을 쏟기 싫었다. 그렇게 나는 한 학기를 남기고 자퇴를 하기로 했다. 내 꿈의 나무의 한 가지는 작가이니 문학을 배워보자고 했다. 국어국문학과로 편입을 준비했다. 이제 와서 말하는 거지만 당시 나의 담당 교수에게 자퇴를 하겠다고 했다. 국문학과 편입을 준비한다고 이야기했을 때 그 교수는 이런 말을 했다.

"만약 네가 편입에 성공한다면 나는 내 손에 장을 지질게. 편입 준비하지 말고 한 학기만 더 다니고 졸업해."

도전하기 위해 신발 끈을 동여매는 사람에게 다리를 걸려고 하는 사람들이 있다. 그런 다리는 살포시 피하는 것이 정신건강에 좋다.

한 학기, 졸업하기 불과 몇 달을 남기고 자퇴서를 내러 가는 길은 불안했다. 행정실에 문을 여는 순간까지 고민했다. 부디 내가 걸어가는 길이 내가 삶에서 이루고 싶은 것을 위한 길이기를 바랐다.

그리고 나는 6개월 후 한 대학의 국어국문학과에 편입하게 된다. 서울 소재 주요 대학은 아니지만 그래도 원하던 공부를 할 수 있게 되어서 기뻤다. 문학을 공부한다는 내가 조금은 멋져 보였다. 문학은 그렇게 내 삶을 풍요롭게 했다. 문학을 배우다 보니 문학은 이제 내 삶의 한 부분이 된 것 같아 보였다. 그래서 이제는 계획했던 경찰관이란 꿈을 이루기 위해 노량진으로 갔다.

하고 싶은 것을 위해 하기 싫은 것을 해야 하는 시간이었다. 관(棺) 같은 고시원 방에서 보내는 시간들은 생각보다 길었다. 길고 아주 어두웠다. 나라는 사람의 얼굴에 언제나 그림자가 있었다. 하루 종일 마음이 어두웠다. 하기 싫은 것을 견디면 하고 싶은 것을 할 수 있게 되는 것인지 알았다. 남들은 대학을 졸업할 수 있는 4년이라는 시간을 노량진이라는 캠퍼스에서 보냈다. 모든 노력은 아무런 결과를 보여주지 못했다. 나의 이십 대 후반에 남아 있는 것은 내 수험번호가 없는 합격자 명단이었다.

모든 수험서를 버리고 본가로 돌아왔다. 그렇지만 여전히 수확의 계절이 되면 코찔찔이가 된다. 시험이 있던 계절이 오면 몸이 기억한다. 지나가는 경찰차를 볼 때마다 나는 왜 떨어졌을까를 생각한다.

커피를 만들면서 다양한 사람을 만난다. 이 사람들은 어떤 직장에서 일하는 것을 꿈꾸었을까라고 생각하며 그들의 목에 걸린 사원증을 본다. 여전히 나는 내가 무엇을 하고 있고 무엇을 해야 하는지 모르겠다. 자꾸 마음이 이상한 말을 건다. 마음이 간질간질하다.

그렇게 시작되었다

　　　　　　　신입 파트너가 온다는 이야기를 들었다. 어떤 사람이 올까 궁금했다. 사람이 온다는 것은 실로 대단한 일이라고 했다. 사람의 등장은 장면의 변화로 이어진다. 같은 공간에 존재하지 않았던 사람이 함께 존재하게 된다는 장면의 변화. 같이 일하면 이 사람들은 왜 카페에서 일하기로 했을까. 사람이 궁금해질 때가 있다.

나도 신입 파트너였던 적이 있다. 나는 당시 노량진 생활을 마치고 어떤 방향으로 삶을 이어 나갈까 고민하는 시기였다. 대학을 마치지 못한 나는 대졸 공채라는 사기업에 입사할 수 없었다. 뿐만 아니라 4년간 노량진에 있으면서 이뤄놓은 것이 없었다. 이루어 놓았던 것은 단지 바뀌어 버린 앞자리와 없어진 청춘들이었다.

계속 공부할 수는 없고 경제생활을 해야 했다. 돈을 벌어야 했다. 오랜 기간 부모에게 지원을 받으며 살아왔던 나는 하루빨리 돈을 벌고 싶었다. 사람구실이라는 것을 해보고 싶었다. 돈을 벌어야 사람구실을 한다고 생각했던 것은 슬프다. 하지만 그 당시에는 정말 그랬다. 만약 이곳에서 일할 수 없었다면 나는 지금 어디서 일하고 있을지 상상할 수 없다. 그리고 지금의 나도 아마 없겠지.

서른에 처음으로 이력서와 자기소개서를 썼다. 매장 책임자와 1차 면접을 보았다. 매장 책임자는 면접 시간보다 삼십 분 정도 늦게 내 앞에 나타났다. 여러 질문을 받았는데 기억에 나는 질문은 내 자기소개서에 대한 내용이었다. 나는 자기소개서에 약간의 결벽증이 있다고 적었는데 면접관은 결벽증이 있다면 아마 일하기 힘들 것이라고 했다. 나는 내가 말하는 결벽증은 어떤 더러움에 대한 결벽증이 아니라고 했다. 내가 말하는 결벽증은 나는 어떤 일을 해야 한다면 그 일은 반드시 해야만 하는 결벽이 있는 사람이라고 말했다. 그리고 내 방은 이미 더럽게 어질러져 있어서 더러움에는 익숙하다고 했다. 그때 말했던 내 방이 진짜 내 방이었는지, 내 마음의 방이었는지는 정확히 기억나지 않는다.

    1차 면접을 마치고 떨어진 것은 아닐까 생각하는 순간에 2차 면접 일정이 문자로 왔다. 그리고 며칠 뒤 지역 책임자와 면접을 보았다. 면접에서 들었던 이야기 전부가 기억나지 않지만 기억나는 사실은 그때도 나는 노량진이야기를 했다. 내가 그 나이까지 내 청춘의 이력서에 적어놓은 것은 '노량진 공무원 시험 실패자'라는 타이틀이었다. 지역 책임자는 나에게 이 일이 어울려 보이지 않는다고 했다. 아무튼 그 순간에는 그 말이 틀렸다는 것을 말해주고 싶었다. 그래서 지역 책임자의 마지막으로 할 말 있냐는 마지막 질문에 대답했다. "이 일에 어울리지 않다고 하셨는데 저는 모든 일에 어울리는 사람입니다. 비록 해보지는 않았지만 잘 해낼 수 있습니다." 그렇게 마지막 말을 하고 면접장을 나왔다.

면접장을 나왔을 때는 불합격해도 괜찮아라고 생각했다. 떨어진다는 일은 내가 가장 잘 견딜 수 있는 일이었다. 그리고 며칠 뒤 합격했다는 문자가 왔다.

문자 안내에 따라 교육센터에서 이틀간 교육을 받았다. 노량진에서 펜을 잡던 공부와는 다른 사람을 응대하는 그런 교육이었다. 나는 잘하고 싶었다. 이틀간의 교육을 마치고 그다음 날 처음으로 매장에 가던 날을 기억한다.

첫 출근을 몇 시부터 해야 좋은 것일까라는 고민에서부터 시작된 떨림이 매장 문을 열기 전부터 시작되었다. 결국 출근 30분 전에 출근했다. "첫 출근 왔습니다"라고 커피를 만들고 있는 파트너에게 말을 건네고 그를 따라 사무실로 들어가는 순간 나에게는 새로운 세계가 시작되었다. 사무실 안과 밖은 너무나 다른 공간이었다. 이제 고객에서 파트너가 되는 순간이었다.

면접을 보았던 매장 책임자와 인사를 나누었다.

책임자는 매장의 점장이었고 점장은 나를 다른 파트너들 한 명 한 명에게 소개시켜주었다. 모든 관계는 소개에서 시작된다. 인사를 나누고 얼었던 분위기를 깬다. 문득 커피 냄새가 진하게 나는 순간. 나의 새로운 시작은 그렇게 시작되었다.

문득 커피 냄새가 진하게 나는 순간.
나의 새로운 시작은 그렇게 시작되었다.

무례에 익숙해지는 일은
쉽지 않다

드라이브 스루 매장에서 근무한 적이 있다. 차량을 이용하는 편리함 특성상 보통 드라이브 스루 매장은 다른 매장들보다 매우 바쁘다. 드라이브 스루 매장에서 근무하는 초록 앞치마들은 모두 같은 헤드셋을 착용하고 근무한다. 헤드셋은 먼 곳에 있는 파트너들과 쉽게 의사소통을 할 수 있게 한다. 그리고 차량을 이용한 고객들과의 대화를 할 수 있게 한다. 그러니까 드라이브 스루 매장에서 근무하는 직원들은 모두 같은 대화를 듣는다. 고객과 파트너의 대화를 통해 파트너들은 음료를 제조하고 푸드를 워밍한다.

헤드셋에서는 많은 알림음이 울린다. 헤드셋을

착용하고 카페를 이용하는 고객들의 주문을 받거나 음료를 제조하다 보면 헤드셋에서 '띠잉-' 하는 알림음이 울린다. 차량이 입차 중이라는 알림음이다. 그러고 나서는 바로 다시 한번 '띠잉-' 하는 알림음이 울리는데 두 번째 알림음은 차량이 음료를 주문하는 장소에 도착했다는 알림음이다.

드라이브 스루에서는 주문하는 공간이 있고 주문 후 차량을 앞으로 이동해 결제와 음료 전달이 이루어지는 공간이 있다. 주문하는 중에 음료를 만드는 파트너는 헤드셋으로 음료를 제조한다. 차량이 앞으로 이동되는 동안 파트너는 음료 제조를 마치고 다른 파트너는 결제와 따끈하게 만들어진 음료를 전달한다. 주문하는 공간에서는 가뿐하게 음료와 푸드를 주문하고 결제를 위해 앞으로 이동하는 고객님들이 대부분이다. 그렇지만 그곳에서 그렇게 단순히 주문을 위한 의사소통만 있는 것은 아니다.

세상에는 다양한 사람이 존재한다. 여러 가지 사람이 있다.

기본적으로는 반말하는 사람. "아메리카노, 두 잔"이라고 액셀러레이터에 발을 올리고 앞으로 이동한다. "고객님 음료 사이즈는요? 따뜻하게 하세요? 차갑게 하세요?"라는 파트너가 내뱉은 말은 모두가 끼고 있는 파트너들의 헤드셋에서만 맴돈다.

그런 경우가 여러 번 있다. 언제나처럼 귀에서 울리는 '띠잉-' 소리에 주문을 받는다. "뜨거운 아메리카노 4잔"하고 아무런 말도 없이 이동한다. 이 정도 반말은 모두가 익숙해져 버렸다. 익숙하지 않으면 나만 스트레스받으니까 뒷말은 안 들렸겠지 하고 넘긴다. 결제가 이루어지는 공간에서 결제를 마치고 뜨거운 아메리카노 4잔을 전달한다. 아니나 다를까.

"아니, 내가 아이스 아메리카노라고 안 했어요? 아, 이게 뭐야."
라고 뜨거운 번복의 시작을 알린다. 이런 번복의 과정에서 가장 빠르고 편리한 방법은

"어머, 고객님 죄송합니다. 저희가 잘못 들었나 봐요. 바로 아이스 아메리카노 4잔 다시 준비해 드릴게요."

라고 하는 것이다. 초록 앞치마들은 모두 같은 헤드셋을 착용하고 근무한다. 모두가 뜨거운 음료라는 것을 듣고 음료를 제조했다. 그렇지만 그곳에서 '고객님 저희가 고객님이 뜨거운 음료라고 하신 거 다 들었어요. 죄송하지만(뭐가 죄송한지는 모르겠지만) 못 바꿔드려요'라고 말한다면 엄청나게 일이 복잡해질 것을 알기에 뜨거운 음료 4잔만 버려지는 것으로 끝낸다.

또 어떤 고객은 주문하는 곳에서 뜨거운 돌체라떼를 주문하고 결제하는 장소에 와서는 이미 제조된 음료를 받기 직전 쳐다보지도 않고 툭 던진다.

"저 돌체라떼 아이스로 바꿀게요."
"고객님, 죄송하지만(뭐가 죄송한지는 모르겠다.) 드라이브 스루의 특성상 주문과 동시에 제조되기 때문에 변경은 어렵습니다."

반복된 번복의 연속으로 이러한 대응이 익숙해졌다. 그럼 보통 두 가지의 답변이 돌아온다.

"아, 죄송해요. 그럼 그냥 따뜻하게 주세요."
라는 답변과
"아 씨, 그럼 그냥 환불해 주세요."

도대체 어떤 인생을 살아왔길래 이다지도 무례할까. 실수로 주문을 잘못했을 수도 있고 정말 다시 생각해 보니 음료를 차갑게 마시고 싶어졌을 수도 있다. 태도에서 느껴진다. 매뉴얼에 맞는 대처는 아니지만, 잘못 제조된 음료야 매장에서 버려지면 되니까. 음료를 번복하는 고객님들의 음료를 다시 만드는 일은 어렵지 않다.

무례에 익숙해지기는 너무 어렵다.

초록 앞치마를 입고 근무하다 보면 가끔은 앞치마가 물리적으로 튀는 커피에서부터 우유 따위의 것들까지 나를 지켜주기도 한다. 그렇지만 가끔 누군가에게는 서 있는 초록색 휴지통이 된 것 같다.
무례에 익숙해지는 일은 쉽지 않다.

하루에 한 번 이상은
꼭 보게 되는 사람이 있다

　　　　　　어떤 인물에 관하여 생각하다가 하루에 한 번은 보게 되는 인물을 생각했다. 하루에 한 번 이상은 꼭 보게 되는 사람이 있다. 굉장히 오랜 기간 관계를 가져왔다. 매일 보는 사람이지만 그 사람 속을 아직도 잘 모른다. 그 사람은 어린 시절을 그리워한다. 그 사람은 여태 한 곳에서 생활하고 있다. 태어난 그곳에서 지금까지 살고 있다. 그 사람은 고향을 사랑한다. 그 사람은 그대로 그곳에 머무르는데 환경은 여러 번 바뀌었다.

　　그 사람은 또래보다 몸집이 조금 작았다. 그래도 운동은 잘하는 편이었다. 그 사람은 꿈이 상당히 많다. 욕심이 많아서 하고 싶은 것이 많다. 건강하고 싶고 부자가 되고 싶고 모든 다 잘하고 싶다. 어제보다는 오늘이 나은 사람이 되고 싶어 한다. 그리고 매일 후회로 산다.

그 사람의 주식은 죄책감이고 불안감이다. 매일 먹는 죄책과 불안으로 소화 장애를 앓고 있다. 잘못 산 것만 같아서 죄책감이 들고 하고 싶은 것을 하지 못하게 될까 불안해한다. 그 사람은 자신이 보기 싫었던 시절이 있었다. 매일 보는 얼굴이 혐오스럽기까지 했다. 그래도 다행히 요즘은 그런 생각을 하지 않는다고 한다. 그 인물은 평안하고 싶어 한다.

평안. 그 사람이 꿈꾸는 미래의 목표는 평안이다. 그 사람은 자신의 삶의 등장인물 중에 주연이 되고 싶어 한다. 자신의 삶이니까 조연이나 단역으로 살기는 싫어한다. 잘 살았다고 남우주연상 같은 것은 원하지 않는다. 그냥 자신의 인생이란 영화에 주연이 되고 싶다. 아무튼 매일 보는 그 인물을 응원한다.

아무튼 하루에 한 번은 거울을 본다.

아마 계속 쌀쌀맞을 수도 있다.
나는 엄마가 아니니까.
나는 아직 어른이 되려면 멀었다.

나의 첫 어른

 어쩌면 매장에서 가장 많이 하는 말은 "QR 체크인해 주세요"라는 말이다. 바이러스가 만들어낸 새로운 습관이다. 이제는 많은 사람이 이 습관을 가지고 있다. 나도 어딘가에 들어가면 어디서 체크인을 해야 하는지부터 찾는다. 모두가 가지고 있는 이런 습관을 어려워하는 사람들도 있다. 바로 나의 어른들이다. 우리 부모님 또래의 어른들은 스마트폰에 익숙하지 않다. 매장을 찾는 대부분의 어른들에게 체크인을 부탁하면 "나 그런 거 못해"라는 말을 하거나 "우리 딸이 해줬는데 어떻게 하는지 못하겠어"라는 말을 하신다. 어떨 때는 이런 말이 '나 체크인 하기 싫어'라고 들릴 때도 있고 어떨 때는 '젊은 자네가 도와주겠나'라는 말로 들릴 때가 있다. 도와달라고 느껴질 때면 엄마가 생각난다.

우리 엄마는 스마트폰에 익숙한 듯 익숙하지 않다. 자신의 메일 주소도 잘 모르지만 QR 체크인은 척척하고 나도 모르는 스마트폰 기능을 사용하기도 한다. 그러면서 스마트폰으로 무언가 해야 할 일이 생길 때는 항상 아들을 찾는다. 나는 주특기가 엄마에게 쌀쌀맞은 행동하기라 따뜻하게 알려주지 못한다. 그렇게 알려드리고 방으로 돌아오면 나의 어린 시절이 생각난다.

여전히 어린 시절과 같은 집에 살고 있다. 30년이 넘게 같은 집에 사는 일은 집과 물아일체 되는 일이다. 몸만 물아일체가 되는 것이 아니라 마음도 물아일체가 된다. 나의 이상한 기억력으로 집안 곳곳에 추억이 묻어있다. 지금은 지구 반대편에 있는 누나와 거실에서 아이스크림을 퍼먹던 순간이 문득 기억날 때가 있고 새벽에 번개와 천둥이 치면 안방으로 가 엄마의 품에 안겨서 자던 기억이 생겨난다. 그렇게 여러 기억이 묻어 있다.

천둥이 치면 안겼던 엄마는 항상 나에게 응답소였다. 어린 시절 호기심이 많다는 말로는 표현하기는 힘든 이상한 궁금증이 많았다. 시시하고 사소한 궁금증들을 "엄마 이건 왜 이래?"라고 물어볼 때마다 엄마는 항상 따뜻하게 설명해 줬다. 엄마는 나의 첫 어른이고 나의 영원한 무릎베개였다. 엄마가 나를 낳았던 나이를 내가 훌쩍 넘은 지금 나는 어떤 어른일까. 내가 태어나고 엄마가 세상에 없었던 순간은 없었다. 가끔 무서운 생각을 한다. 천둥이 치는 날에 엄마에게 갈 수 없는 순간이 오는 생각. 그럴 때마다 마음에 폭우가 내린다.

그럼에도 나는 여전히 엄마에게 무언가를 가르칠 때 쌀쌀맞다. 아마 계속 쌀쌀맞을 수도 있다. 나는 엄마가 아니니까. 나는 아직 어른이 되려면 멀었다.

취향은 각이 진 모습으로 온다.
네모난 공간을 동그랗게 만드는 일은 어렵다.
부드럽게 만들어 주는 일은 내가 할 수 없는 일이다.

네모난 공간을
둥그렇게 만드는 일

 일주일에 닷새 관습이 적혀진 종이를 본다. 정확히는 Custom이라는 알파벳을 본다. 포스에서 주문을 받으면 포스기 옆에 있는 라벨프린트기에서 라벨이 주르륵 굴러 나온다. 조금의 접착력을 가진 이 라벨지는 네모난 각을 가지고 있다. 네모난 라벨지를 둥그런 컵에 붙인다. 네모난 라벨지 안에는 직사각형의 칸들이 있다. Shot, Syrup, Milk, 같은 다양한 알파벳들이 적혀있다. 그중의 하나가 Custom이다. 이 네모난 공간에는 주문을 받은 고객의 취향이 검정 잉크로 적힌다.

 얼음이 많이 들어간 음료를 주문한 고객의 라벨

지에는 X-ice, 얼음 없이 주문한 고객의 라벨지에는 /-ice라는 기호들이 적혀있다. 주문을 받은 파트너가 아닌 음료를 만드는 파트너는 이 라벨지를 보고 음료를 만든다. 다양한 기호는 취향이 가득한 음료로 변한다.

예를 들어, 어떤 사람은 바닐라크림프라푸치노에 자바칩을 9스쿱 주문하기도 한다. 그럼 하얀 음료이었던 바닐라크림프라푸치노는 하얀색 크림과 검은 자바칩이 어우러진 달마시안 모양을 한다. 어떤 사람은 뜨거운 아메리카노를 뜨겁지 않게 달라고 하기도 하고 아이스 아메리카노에 아이스를 빼달라고 한다. 이렇게 사람의 취향이 복잡하다.

매일 불특정 다수의 주문을 복합적으로 받다 보면 어떤 특정 다수와 마주친다. 어떤 특정 다수는 하루에 한 번씩 꼭 방문한다. 매일 오는 사람들은 보통 자신들만의 특유의 Custom이 있다. 매일 똑같은 라벨지를 보며 '아, 이 사람 또 왔구나'라고 그 사람을 보기도 전에 생각한다. 그렇게 같은 사람의 음료를 만드는 일에 익숙해진다.

매일 보지만 익숙해지지 않는 것이 있다. 날마다 마주치지만 날마다 마음을 빵꾸내는 태도를 하는 사람들이 있다. 지금 이 순간에도 여러 얼굴이 떠오른다. 특유의 Custom같이 특유의 태도로 마음을 빵꾸나게 한다. 깜빡이도 없이 들어오는 말들로 마음에 스크래치가 잘 나는 성격이다.

다양한 얼굴을 매일 만난다. 다양한 얼굴만큼 다양한 말들이 마스크를 뚫고 나온다. 친절, 무례, 성의 따위의 것들과 공존한다. 원두 냄새가 너무 진해서 그런지 사람 냄새는 덜 난다. 마주치는 태도들에 가끔 많은 생각이 오고 간다. 사람이 태도를 남겨 놓고 나간 자리에는 감정만이 남겨져 있다. 먹다 남은 아메리카노, 녹아가는 얼음들. 차갑고 식은 것들은 온기를 가지지 않는다. 미지근한 마음들만 울렁거린다.

취향은 각이 진 모습으로 온다. 네모난 공간을 동그랗게 만드는 일은 어렵다. 부드럽게 만들어 주는 일은 내가 할 수 없는 일이다.

당신의 마음 검은 테두리가
조금 하얀 마음을 가질 수 있도록
오늘도 그렇게 당신에게 인사해야지.

감사합니다.
행복한 하루 되세요

사무실에서 모든 준비를 마치고 머신이 기다리고 있는 곳으로 출근하면 우선 네모난 검은 테두리를 한 디스플레이 앞에 선다. 손가락으로 띠띠띠띠 소리 나게 포스기에 비밀번호를 입력하고 고객을 맞을 준비를 한다. 포스기의 검은 테두리에는 하얀 글자로 어떤 문장이 적혀있다.

'감사합니다. 행복한 하루 되세요 :)'

근무 시 매장에서 고객이 퇴점할 때 하는 우리 매장만의 퇴점 인사이다. 지금 근무하고 있는 매장은 세 번째 매장이다. 근무했던 매장은 세 곳이지만 그동안 했던 퇴점 인사 멘트는 셀 수 없이 다양하다.

매장 특유의 인사는 기본 인사가 된다. 매장 특유의 인사는 점장이나 CE 담당 수퍼바이저가 만들고 파트너들에게 공유한다. CE가 무엇이냐면 매일 반복되는 Customer Experience, 즉 고객경험설문조사이다. 고객경험설문조사는 매장을 이용한 고객 중 하루에 3명 정도에게 무작위로 발송된다고 한다. 항목은 7가지가 있다. 7가지를 전부 나열하기는 그렇고 대충 어떤 것이 있냐면 음료의 신속도, 매장의 청결도 그리고 '직원이 나를 알아보려고 노력했는가'. 이런 것들이 있다. 이 항목들은 항목당 점수로 평가된다.

매장마다 점수를 올리기 위해 아니면 점수를 지키기 위해 노력을 한다. 지역별로 점수를 공유하는데 지역에서 1등을 하면 무엇이 좋냐면 바로 기분이 좋다. 뭐 그뿐이다. 점장 같은 관리자들은 평가에 반영될 수도 있겠지만 나같이 단지 커피를 만드는 바리스타에게 좋은 점은 기분이 잠시 좋을 뿐이다. 아무튼 우리 매장 같은 경우는 매장 포스기에 인사말 멘트를 적어놓고 인사를 한다. 인사가 뭐 대수겠느냐지만 물론 고객이 매장을 들어올 때와 나갈 때 커다란 문에서 인사를 받는다는 것은 사소한 일일 수도 있다. 하지만 고객의 입장에서 어떠한 장소에 입장할 때 인사를 받는다는 일은 나를 인식하는구나 하는 느낌을 준다고 믿는다. 고객의 입장에서 나에게 '관심이 없구나'라는 생각이 들지 않게 하는 것이 중요하다.

나는 고객과 대화를 즐기는 편이다. 농담 따먹기를 잘하는 편이다. 햇볕이 뜨거운 날에는 밖에 많이 덥죠? 라고 묻는 편이고 비가 많이 내리는 날에는 밖에 비가 많이 오죠? 라고 물어보는 편이다. 물론 밖은 많이 더울 것이고 비가 많이 내리고 있는 것은 창밖으로 보인다. 중요한 것은 '대화'를 했다는 것이다. 감정 없는 '말'이 아닌 '대화'를 주고받는 것은 영수증을 주고받는 것보다는 유의미한 일이라고 믿는다. 그래서 어떤 고객은 나에게 밥 사준다고 약속을 잡자고 한 적도 있었다. 자랑은 아니다. 순간 돼지고기 사달라고 할까 소고기 사달라고 할까 고민하기는 했지만 말이다. 아무튼 대화는 살아있다. 따뜻함을 가지고 있다는 말이다. 물론 가끔 고객님이 이어폰을 끼고 있는 경우에는 나의 대화가 무의미하게 허공으로 사라져버리지만 말이다.

우리는 대화를 통해 온기를 주고받는다. 감정을 주고받지는 않아도 전해지는 따뜻함으로 살아간다. 다양한 대화가 모여서 카페 안의 BGM을 만들어 낸다. 아주머니들의 대화, 고등학생들의 대화, 아이와 엄마가 주고받는 대화. 다양한 대화들이 내 귀로 들어오는 공간에서 일하고 있다. 가끔은 좋아하는 여성에게 전하는 멘트도 내 귀로 들어온다. 물론 나였으면 그렇게 말하지 않았을 텐데 하는 멘트였지만 말이다.

다양한 얼굴과 다양한 소리의 공간은 매일 새로운 기분을 준다. 다른 이의 대화에서 내 기분이 좋아지는 경우도 있다. 반대로 다른 이가 내뿜은 언어에서 내 기분이 상하는 상황도 있다. 아무튼 우리는 서로 입에서 나오는 공기를 공유한다. 당신과 나의 입에서 나오는 공기에 조금 온기가 있기를 바랄 뿐이다. 그 온기를 통해 당신이 오늘 행복했으면 좋겠다.

당신 마음의 검은 테두리가 조금 하얀 마음을 가질 수 있도록 오늘도 그렇게 당신에게 인사해야지.

"감사합니다. 행복한 하루 되세요."

스팀을 진하게 한다.
우리 커피는 식지 않을 거야.

사랑은 유성매직으로 쓰세요

카페에 온 연인들을 볼 때면 나의 사랑이 생각난다. 그들이 서로 바라보고 있는 모습을 볼 때면 나의 사랑이 생각난다. 사랑과 카페에 가는 것을 좋아한다. 우리에게 카페는 공원에 있는 의자가 되기도 하고 화장실이 되기도 한다. 그리고 오아시스가 되기도 한다. 우리는 산책을 좋아한다. 발걸음 맞춰 걸어가면서 리듬감을 느낀다. 심장의 bpm을 느낀다. 서로 손을 잡고 걸어가다 우리는 카페에서 목을 축인다. 우리는 커피가 된다. 목이 촉촉해지면 서로의 어깨를 기대고 같은 방향을 바라본다. 대화를 하면 테트리스를 하는 기분이 든다. 차곡차곡 같이 미래를 쌓아가고 있다. 하루가 다르게 세상이 변하고 있지만 십 년이면 강산도 변한다지만 사랑은 여전하다. 여전히 내 옆에 있다.

일요일 오전마다 포스기 건너편 테이블에 앉아 브런치를 먹는 노부부가 있다. 노부부를 볼 때마다 나의 미래를 그린다. 연필로 그리지 않는다. 꾸덕한 잉크가 가득한 유성 매직으로 미래를 그린다. 지워지지 않을 미래를 그린다.

스팀을 진하게 한다.
우리 커피는 식지 않을 거야.

마음의 눈 밑에 점이 있는 사람

 왼쪽 눈 아래 점 하나가 있다. 내가 아직 교복도 입기 전에 엄마와 피부과를 갔다. 눈 밑에 점이 있는 사람은 울음이 많다고 했다. 나는 침대에 누웠고 의사는 까만 점에 빨간 레이저를 쏘았다. 의사는 점이 깊게 박혀있다고 했다. 레이저가 지나간 내 눈 밑에는 여전히 점이 남아있다. 너무 깊게 박혀있지만 빨간 레이저로 사라지게 할 수 있다고 했던 피부과는 문을 닫았다. 여전히 나는 울음이 많은 채로 살고 있다.

 사람을 상대하는 일을 하는 사람은 마음의 눈 밑에 점이 있다. 하루에도 여러 번 마음으로 운다.

마음에 홍수가 난다.

계산하는 곳에서는 두 가지 선이 있다. 넓은 나무판 중간에 있는 포스기 사이로 점원과 고객을 나누는 무형의 선이 있다. 또 사람과 사람 사이에는 존중이라는 선이 있다. 존중으로 가는 길에는 배려와 무례라는 아주 커다란 4차원의 섬이 있다. 섬을 연결시켜주는 것은 이해라는 조그만 배에서 시작된다. 점원이 고객에게 친절해야 하는 것이 의무라면 고객은 점원에게 무례하지 않아야 한다. 계산을 주고받는 관계를 떠나 서로 아주 같은 위치에 있다. 앞에 놓인 포스기만 둘 사이에 있을 뿐 높고 낮음은 존재하지 않는다.

카페라는 공간은 불특정 다수의 집합이다. 서로를 모르는 사람들이 같은 공간에 모여있다. 어느 뉴스 기사 말대로 비말을 주고받는 사이. 비말뿐 아니라 하루에도 수많은 다른 사람들이 감정을 주고받는다. 카페에서는 많은 일이 일어난다. 어떤 누구와는 인사도 없이 계산만 주고받기도 하고 어떤 누구와는 안부를 주고받는다. 셀 수 없이 다른 종류의 인격들과 대화를 주고받는다.

 일을 시작하면서 물건만 주고받는 점원이 되지 말자는 마음이 있었다. 이왕에 하는 일 즐겁게 하고 나를 만나는 사람들이 웃으며 돌아갔으면 했다. 서비스 전문가는 아니어도 서비스 종사자로 그런 의무 아닌 의무를 지니고 근무한다. 가끔 존중이라는 뚝방을 무너지게 하는 불특정 인간이 있다.

 오늘은 어떤 노인이 MD장에서 원두를 골라서 한 손으로 포스기를 건너 '툭' 아니 '쾅' 250g의 무례를 던졌다. 한 손은 주머니에 넣은 채로. 너무 당황해서 아니 황당해서 주변 파트너들 모두 멍하니 있었다. 포스기 앞에서 주문을 받던 나는 "고객님 계산해 드릴까요?"라고 침착하게 말했다. 여전히 한 손은 주머니에 집어 놓고 있던 백발의 남자는 "거기 줬잖아"라고 반말을 건넸다. 마음에서 냉기가 올라왔다. 그리고 머리로 생각했다. '아 이 사람은 대화가 통하는 사람이 아니구나.' 의무적으로 해야 하는 교환, 환불 규정을 입 밖으로 술술 꺼냈다. 물론 내가 규정을 말하는 동안 백발의 남자는 "

어어, 어어"라는 말을 반복해서 배설할 뿐이었다.

 핑퐁 핑퐁 거릴 수 있는 대화가 사라진 순간이다. 엣지에 맞은 탁구공처럼 마음이 제멋대로다. 그래서 엣지로 공을 보낸 탁구 선수들은 사과의 모션을 취하는 건가. 아무튼 사람의 말에 탁구공 같은 주황빛 동그라미가 있다면 좋겠다.

날마다 새로워지고 싶다

우산을 들고 출근해야 하는 날이면 따뜻한 커피가 마시고 싶어진다. 고소한 라테도 좋고 뜨거운 아메리카노도 좋다. 온기가 있는 것은 몸과 마음을 녹여준다. 차가운 청량감만 즐기던 나였는데 언젠가부터 뜨겁고 향이 진한 커피가 좋아지고 있다. 이가 시린 날이 많아지는 것도 아이스 음료보다 따뜻한 음료를 마시게 되는 이유 중 하나다. 아무튼 날이 갈수록 입맛이 변하는지 요즘은 자극적인 것보다 슴슴한 것이 좋다. 세월이라는 것은 그런 것 아닐까. 머물러있는지 알았는데 변화되는 것.

에스프레소 머신에서 내려오는 뜨겁고 신선한

에스프레소 샷이 들어간 아메리카노가 좋다. 너무 뜨거워서 머그잔조차 만지기 어려운 뜨거운 아메리카노는 천천히 먹을수록 깊은 맛을 낸다. 전 세계 언제나 같은 맛을 느낄 수 있는 우리 카페의 뜨거운 아메리카노는 언제나 같은 맛이라는 이유만으로 매력적이다. 한결같다는 것은 존재만으로 힘이 된다. 내가 원할 때 언제나 그곳에 그것이 있다는 것.

전 세계 모든 매장이 같은 원두를 가지고 아메리카노를 만든다. 그리고 내가 일하는 카페에는 또 다른 블랙커피가 있다. 아메리카노보다 300원이 저렴한 커피. 커피메이커로 만드는 오늘의 커피다. 118g의 원두를 필터에 올려놓고 버튼을 누르면 완성되는 커피. 그 커피메이커 옆에도 역시 메이드 인 유에스에이라고 써있다.

아무튼 원두가 정해져 있지 않은 오늘의 커피는 오늘의 커피만의 매력이 있다. 오늘의 커피 역시 에스프레소머신처럼 주문이 들어오면 추출을 시작한다. 약 5분 정도의 추출이 끝나면 그 커피를 1시간 동안만 판매하다 폐기한다. 그리고 또 주문이 들어오면 다시 추출을 시작한다. 필터로 오일을 거른 커피를 가장 신선한 시간 동안만 판매하는 것도 오늘의 커피의 매력이다. 오늘의 커피는 매일매일은 아니지만 일정한 기간을 가지고 원두가 변경된다. 그 계절에 가장 잘 어울리는 원두를 추출하기도 하고 꾸준히 사람들에게 사랑을 받아온 원두로 추출하기도 한다.

꾸준하게 사랑을 받아온 원두를 마시게 되는 것은 재미있다. 고객의 입장에서 언제 어떤 원두로 바뀌는지 알지 못하는 것도 새로운 기쁨을 준다. 그렇지만 정해져 있지 않은 원두이니만큼 먹어보지 않은 원두가 그날의 오늘의 커피 원두인 날이 있다. 내 취향은 산미가 적고 바디감이 묵직한 커피다. 쉽게 말하면 조금 쓰고 향이 진한 커피를 좋아한다. 취향이 있기에 잘 알지 못하는 원두가 오늘의 커피 원두일 때에는 그냥 익숙한 아메리카노를 마실까 생각하기도 한다. 그래도 300원이 저렴한 오늘의 커피를 마시는 편이다. 단지 저렴해서 마시는 것이 아니다. 새로운 커피를 경험해 보고 싶다. 늘 먹던 아메리카노를 먹으면 맛은 보장되어 있겠지만 새로운 원두를 맛볼 수는 없다. 비슷하지만 다른, 늘 새로운 것에 도전하고 싶다.

날마다 새로워지고 싶다. 가지 않았던 길에 도전해 보고 싶다. 가끔은 익숙함을 포기하고 싶다. 내가 마신 커피가 기대와 다르더라도 좋은 경험일 것이다. 다양한 맛을 아는 것은 다양한 사람이 되는 일이라고 생각한다. 내가 경험한 모든 것이 나를 만든다고 생각한다.

위로는 입술을 통해

생각보다 많은 외국인 고객을 마주친다. 월드 와이드하게 있는 회사라 그런지 서울의 변두리에 있는 커피집이지만 다양한 출신을 가진 외국인들이 많이 방문한다. 외국인들은 자신의 고향에서 그랬던 것처럼 편하게 주문을 한다. 영어로 주문하는 외국인들도 있지만 토착 한국인처럼 자연스러운 한국어 실력으로 주문하는 외국인들도 많다. 그럴 때마다 그들의 고향이 어디인지는 모르겠지만 그들의 고향에서 먹었던 맛 그대로 커피를 만들어 주고 싶다.

주문을 하는 외국인 어깨 너머로는 MD 상품

진열장이 있다. 머그와 텀블러, 보온병 같은 상품들이 줄줄이 기차처럼 놓여있다. 그리고 그 옆으로 각자 다른 옷을 입은 원두들이 가지런히 놓여있다. 케냐, 콜롬비아, 인도네시아 수마트라 같은 자신이 온 곳의 이름이 붙여진 원두들. 아프리카, 라틴 아메리카, 아시아, 다양한 곳에서 온 원두가 이곳에 모여있다.

커피 원두는 다양한 곳에서 자란다. 그 중 커피 벨트라 하는 북회귀선과 남회귀선 사이 적도의 좁은 지역에서 가장 많은 양을 재배한다. 커피 벨트는 크게 아프리카, 라틴 아메리카, 아시아/태평양 세 가지 지역으로 구분 지을 수 있다. 그곳에서 자란 생두가 볶아지고 갈아져 뜨거운 물이나 우유를 만나 다양한 커피로 완성된다.

비슷하게 생긴 원두는 각자 다른 맛을 가지고 있다. 이렇게 다양한 맛을 내는 이유는 많지만 간단하게는 커피나무의 품종, 농장의 기후, 토양 등이 있다. 그리고 어떤 맛이 나는 커피인지 맛보기 전에 구별할 수 있는 방법이 하나 있다. 바로 그 원두가 어디서 온 원두인지 보는 것이다. 우선 아프리카 지역의 원두는 뜨거운 열기로 자란다. 아프리카 원두는 그 대륙의 선입견과 다르게 과일, 꽃, 그리고 시트러스한 풍미를 가지고 있다. 라틴 아메리카 원두는 코코아 또는 견과류의 풍미가 조화를 이루고 동시에 상큼하고 밝은 신맛이 나는 것이 특징이다. 마지막으로 아시아/태평양 원두는 아시아/태평양 지리적 특성상 광범위하게 펼쳐져 있어 각자 다양하고 독특한 특징을 낸다. 그렇게 다양한 대륙에서 만들어진 생두는 다양한 공정과 로스팅을 거쳐 원두로 우리에게 온다. 그리고 그라인딩 되어 '커피'로 완성된다. 아이스 아메리카노의 청량감은 시원한 위로를 따뜻한 바닐라 라떼의 부드러움은 달달한 위로를 준다. 나고 자란 땅들이 모두 다르지만 동일하게 위로를 준다.

"커피 마시러 갈래?"라고 말하는 사람에게도 위로를 줄 수 있는 힘이 있다고 믿는다. 우리는 커피를 마시면서 커피에 집중하지 않는다. 내 커피잔 너머에 있는 사람을 집중한다. 사람에게 집중하며 위로를 얻는다. 커피는 위로를 주는 사람을 만나게 하는 힘을 준다.

위로는 입술을 통해 사람의 마음으로 들어간다. 각자 가지고 있는 특성에 다양한 위로를 가질 수 있다. 이렇게 위로를 주기 위해 복잡한 과정들을 겪은 것인가. 적어도 필요할 때마다 위로를 얻을 수 있는 순간이 있어 다행이다. 각자 다양한 방식으로 위로를 준다.

품질기한

　　　에스프레소 머신에서 나오는 샷은 샷이 추출된 후 10초가 지나면 품질이 변한다. 1분, 20도 아니고 10초. 10초 안에 샷의 품질이 변하는 것을 눈으로 확인할 수 있다. 샷글라스에 샷이 전부 내려온 순간 샷은 아주 작은 소용돌이를 치며 에스프레소는 크레마를 만든다. 하트, 바디, 크레마까지 완벽한 샷이 샷 글라스에 있는 순간은 비율이 완벽한 사진 같다. 갈색의 황금비율을 가진 샷은 금방이라도 녹아내릴 것 같은 초콜릿 같다. 그런 에스프레소 샷을 그 자리에서 마시면 쓰지만은 않은 풍미가 가득하고 어쩌면 캐러멜의 풍미도 나는 그런 달콤한 맛이 난다.

그렇게 완벽한 에스프레소 샷은 시간이 흐를수록 점점 검게 변한다. 시간이 흐를수록 탁해진다. 완벽해 보였던 것은 한눈에 보아도 '이건 별로야'라고 말할 수 있을 만큼 탁하다. 그렇게 탁해지기 전에 물이나 우유와 닿으면 그 풍미를 잃지 않는다. 물과 우유는 품질을 지켜준다. 신선한 커피는 에스프레소가 물이나 우유와 적당한 시간에 만나는 것에 있다. 시간이라는 것이 모든 것을 탁하게 만들 수 있다 생각하고 물과 우유는 모든 것을 지켜준다고 생각했다.

나는 어떤 시간을 살고 있을까. 나의 풍미가 가득한 시간은 언제일까. 그 시간이 나에게 올 때 내가 그 시간을 알 수 있을까. 시간을 알고 나의 물과 우유와 만나고 싶다. 나의 물과 나의 우유는 무엇일까. 신선하고 품질이 좋은 사람이 되고 싶다.

커피 찌꺼기는 행복을 순환해

 생두는 원두가 되고 원두는 커피가 되기도 하지만 찌꺼기도 된다. 원두는 날카로운 날에 그라인딩되어 원두 가루, 즉 커피 찌꺼기가 된다. 내가 일하는 곳은 에스프레소 머신을 주로 사용한다. 에스프레소 머신은 압력과 증기로 커피를 추출한다. 거기서 나오는 찌꺼기들은 동그란 모양으로 나온다. 아이스하키의 '퍽'과 모양이 아주 닮아서 퍽이라 불리는 커피 찌꺼기들을 우리는 '커피박'이라고 한다. 에스프레소 머신으로 빠른 시간 많은 커피를 제조하다 보면 머신에 붙어있는 아주 조그만 디스플레이에 '원두가 가득 찼습니다. 커피박을 비워주세요'라고 뜬다. 그럼 커피 머신 아래의 커피박 통을 들고 커피박 박스에 버린다. 커피박 박스는 파트너들이 종이 박스에 비닐봉지를 깔아 넣은 박스이다. 이곳에 원두 찌꺼기들을 가득 채워 놓고 한곳에 모아 놓으면 매주 수거해가는 기사님이 오셔 수거하신다.

 그렇게 수거된 원두 찌꺼기들은 새로운 옷을 입게 된다. 벽돌이 되기도 하고 거름이 되기도 한다. 나는 가끔 집으로 커피 찌꺼기를 가져간다. 집으로 가져가는 이유는 아버지가 시키기 때문이다. 아버지에게는 집 주변에 작은 텃밭이 하나 있다. 아버지는 농작물이 자라는 모습을 보는 것을 좋아하신다. 매일 새벽 아버지가 따오는 채소들로 우리 집 식탁은 꾸려진다. 내가 늦은 아침에 일어나면 항상 초록 작물들이 식탁 위에 놓여있다. 식탁 위에 놓여있는 작물들은 어머니의 손을 거쳐 반찬이 된다. 반찬은 젓가락에 포개져 나의 입으로 들어온다. 나는 일어나 식탁에 앉아 행복을 먹는다. 입으로 들어온 행복은 나를 살찌게 한다.

 어린 시절 아버지와 주말농장에 간 적이 있다. 그 당시 어린 나의 생각에는 집에서 조금 먼 거리였다. 지금 생각해 보면 걸어서 30분, 자전거 타고 10분 거리였다. 나는 그 시절과 여전히 같은 집에 살고 있고 주말농장은 아파트로 바뀌어 사라졌다. 어머니랑 같이 주말농장에 갔던 것도 아버지와 갔던 것도 선명하다. 한 번은 아버지와 둘이 자전거를 타고 간 적이 있다. 그때 나는 초등학생이었는데 당시 나에게는 주말농장에 자전거를 타고 간다는 것은 커다란 일이었다. 그 전날 저녁부터 마음이 소풍 가는 기분이었다. 잠을 푹 자지 못한 아침은 두근두근했다. 아침을 먹고 물병을 챙기고 자전거에 올랐다. 엄마에게 자전거를 배운 지 얼마 되지 않은 때였다. 스스로 자전거를 꽤 탄다고 생각했기도 했다. 그러면서 항상 넘어질지도 모를까 봐 불안해하는 내 모습을 들키지 않기를 바랐다.

내 앞으로 자전거를 타고 가는 아버지의 어깨는 컸다. 힐끔힐끔 뒤를 돌아보는 모습에 묵묵히 잘 가고 있는 모습을 보여주고 싶었다. 농장으로 가는 길에는 커다란 사거리가 있었다. (지금에서야 횡단보도에서는 자전거를 끌고 가야 하지만 그 당시에는 그런 것을 몰랐다.) 아버지는 먼저 횡단보도를 통해 보도로 들어가셨다. 나는 아버지가 했던 대로 보도로 들어서기 위해 보도블록 앞에서 발바닥에 힘을 더 주었다. 그때 앞바퀴가 보도블록에 걸려 넘어졌다. 당시에는 아프다는 생각보다 창피하다는 생각이 먼저였다. 아버지는 부드럽게 넘어가시는데 나는 걸린 것도 짜증 났고 넘어졌을 때 횡단보도 옆에 있던 어떤 누나들이 쳐다봐서 부끄러웠다. 넘어지는 일은 그때나 지금이나 창피한 일이다. 그래서 아버지에게 "아빠 때문에 넘어졌잖아." 하고 짜증을 냈다. 그러면서 마음이 쪼그라들었다. 말하자마자 아버지에게 미안했다. '아빠 때문 아닌데, 아빠한테 짜증 내네'라는 생각이 들었다. 다시 일어서 자전거를 탔다. 아버지의 뒷모습을 바라보며 패달을 밟았다.

주말농장은 커다란 운동장보다 더 컸다. 초록과 노란 작물들로 뒤덮여있는 몇백 개의 농장은 영화 속 한 장면 같았다. 작은 농장들이 바둑판처럼 펼쳐져 있었다. 아버지 뒤를 따라 미로 같은 길을 걸어갔다. 귀퉁이에 숫자가 쓰여 있는 아버지의 밭이 보였다. 학교 여름방학 숙제를 하러 온 느낌이었다.

아버지는 그곳에서 거름을 주고 이 작물 저 작물을 보시더니 깻잎과 상추를 따셨다. 나는 옆에서 개미를 구경하고 있었다. 농장의 개미들을 다 찾을 무렵 아버지는 가자고 하셨다. 너무 일찍 가는 건 아닐까 했다. 아버지는 자전거가 있는 곳이 아니라 어떤 천막이 있는 마루로 들어가셨다. 그리고 가방에서 삼겹살을 꺼내셨다. 불판과 부루스타는 농장 측에서 제공되는 것이었다. 그 당시 나에게 방금 따온 깻잎과 상추를 먹는 일은 굉장히 신선한 일이었다.

아버지는 불판에 불을 올리기 전에 상추와 깻잎을 씻어 오셨다. 불을 올리고 고기를 얹는 순간이 기억난다. 그 나이 때 그런 영화를 본 적은 없었겠지만 스스로 영화 같다는 감정을 느끼고 있던 것 같다. 기분이 상기되었던 것이 기억난다. 그날 먹었던 고기의 맛은 기억나지 않지만 장면이 선명하게 기억난다. 아마 내가 가장 마지막 삼겹살을 먹을 때도 기억날 것 같다. 아버지와 삼겹살을 먹을 때면 그 장면이 생각난다.

삼겹살을 다 먹고는 그 자리에서 아버지와 잤

다. 바람이 솔솔 불어오는 마루에서 맛있는 음식으로 배부른 상태에서 잠드는 일은 '행복'이라는 단어 말고는 표현할 수가 없다. 아주 달콤하게 잠에 빠진 뒤 일어난 그때의 하늘은 잠들기 전과 다른 색의 하늘이었다.

어두워지기 전에 집으로 돌아가자는 아버지의 말에 서둘러 자전거에 올랐다. 오는 길에 넘어졌던 보도블록은 조심히 건넜더니 배가 든든해서 그런지 마음이 든든해서 그런지 넘어지지 않았다. 해도 집으로 돌아가는 시간, 하늘이 정말 아름다웠다. 아직도 선명하게 그 노을이 머릿속에 남아있다. 그날은 유난히 특별한 날이었다. 아버지가 그날 주말농장에서 수확한 것은 상추와 깻잎이 아니라 어린 소년이 노년이 될 때까지 가지고 갈 추억이었다.

내가 커피집에서 일하니까 아버지는 가끔 나에게 커피 찌꺼기 좀 챙겨오라고 하신다. "왜요"라고 물어볼 때마다 "내일 밭에 가서 쓰려고"라고 하신다. 커피 찌꺼기를 보면 그런 생각이 난다. 아버지의 밭, 엄마의 음식, 그리고 그때의 자전거와 삼겹살 그리고 노을이 복합적으로 내 마음을 유영한다. 종종 내가 먼저 커피 찌꺼기 필요하지 않은지 여쭤봐야겠다.

커피 찌꺼기를 보면 그런 생각이 난다.
아버지의 밭, 엄마의 음식,
그리고 그때의 자전거와 삼겹살 그리고 노을이
복합적으로 내 마음을 유영한다.

물은 적게, 얼음은 많이

전용 어플을 통한 스마트 오더로 매장 밖에서 줄을 서지 않고 빠르고 쉽게 이용할 수 있다. 스마트 오더도 매장 주문과 마찬가지로 퍼스널 옵션을 넣을 수 있다. 퍼스널 옵션은 자신만의 음료를 만들고 싶은 사람들을 위한 주문 방법이다. 가장 흔한 퍼스널 옵션은 '샷 추가, 물 적게, 얼음 많이'이다. 시원한 아메리카노를 오랫동안 먹고 싶은 사람들이 많이 하는 주문이다. 오늘도 그런 주문이 들어왔다. 그런 주문을 직접 받을 때면 고객이 꼭 하는 말이 있다. "물 완전 요만큼만 주세요. 거의 없게." 그런 주문을 받으면 손가락으로 수전을 튕겨서 아주 살짝 물을 받고 음료를 제조한다. '물 적게' 먹고 싶은 고객 10명 중 9.5명은 그렇게 주문을 한다. 스마트 오더도 마찬가지로 물을 아주 적게 드린다. 적게 드린 물은 뒤편의 정수대에서 직접 채울 수 있으니까. 뭐든 부족하면 채울 수 있다. 다만 많아진 물은 고객이 먹기 전까지 내가 줄여줄 수는 없는 노릇이다. 오늘 들어온 주문도 늘 하던 것처럼 물을 아주 적게 만들어 고객이 음료를 가지고 가기를 기다렸다. 몇 분 뒤 찾아온 고객은 나에게 말했다.

"아니. 이거 물 적게 맞아요?"

마음의 스크래치가 시작되는 말투였다.

"네. 고객님 물 적게 요청하셔서 적게 넣어드렸습니다. 혹시 더 필요하시면 뒤편에 보이는 정수대에서 직접 넣으실 수 있어요"라고 응대했다.

응대를 하자마자 스크래치를 내는 말이 또 날아왔다.

"아니, 물 넣기는 했어요? 완전 적은데?"

말꼬리가 짧아지면 나의 인내심의 길이도 짧아진다.

"네, 고객님 적게 넣어드렸구요. 더 원하시면 제가 넣어드릴까요?"라고 말했다. 돌아오는 답변은 저번에는 그러지 않았다면서 왜 맨날 다르냐고 언성을 높였다. 주변 사람들이 남자를 주목하기 시작했다.

"고객님, 물 적게 요청하신 경우에는 저희가 얼만큼을 원하시는지 몰라서 파트너 재량으로 넣고 있습니다"라고 응대했다. 적게 넣으면 물을 넣으면 되는 것인데 물을 많이 넣으면 되돌릴 수 없으니까 그렇게 하고 있다.

"파트너마다 다르다고요? 확실하죠?"

이런 말을 던지고 위아래로 째려보며 매장을 나갔다. 무엇을 그렇게 확실하지 않다고 생각했는지 모르겠다. 이럴 때마다 피가 냉수로 변한다. 얼음을 엄청나게 넣은 것 같이 마음이 꽝꽝 얼어버린다.

가끔 사람들은 자신의 말이 무조건 옳다고 생각한다. 물론 파트너들이 틀리는 일도 가끔 있다. 하지만 저렇게 확실하냐는 등의 질문이 아닌 시험받는 말을 던지는 사람들은 이해할 수 없을뿐더러 말을 주고받기 싫다. 애초에 말이라는 것은 서로 주고받는 것 아닌가. 말이 가끔 돌이라고 생각하는 사람들이 있다. 들을 마음이 없다면 사람 마음에 돌을 던지지 말았으면 좋겠다. 마음이 얼음인 순간이 많지 않았으면 좋겠다.

오케이 오케이

　　　　　카페라는 공간은 사람이 모이는 공간
이다. 카페를 약속 장소로 정하기도 하고 밥을 먹
고 "카페에 가자"해서 오는 공간이기도 하다. 정부
의 방역 수칙에 따라 18시 이후에는 사적 모임들
이 많이 제재되고 있다. 요즘은 18시가 되면 고객
에게 안내를 한다. 정부의 방역 지침에 따라 인원
이 제한된다고.

어느 일요일 저녁 등산복을 입은 한 중년의 남
자와 여자가 매장으로 들어왔다. 남자는 마스크도
쓰지 않은 채 상기 된 얼굴로 "오케이이, 오케이이"
큰 소리로 외치며 들어왔다. 매장 내에 모든 고객

들이 그 남자를 주목했다. 나는 서둘러 "고객님 마스크 착용하셔야 합니다"라고 안내했다. 남자는 허겁지겁 마스크를 챙겨 쓰더니 "쏘리이, 쏘리이"라고 말했다. 검정 나일론 마스크를 쓴 남자의 곁에선 막걸리 냄새가 풍겼다. 얼굴이 등산복처럼 알록달록했다. 등산을 다녀오는 것과 이미 한잔을 걸친 것이 확실했다.

남자는 음료 다섯 잔을 주문했다. 두 명이서 다섯 잔을 주문하길래 일행이 몇 분이시냐 물었다. 18시가 넘은 시간이라 다섯 명 이상의 고객은 매장 이용이 불가한 시간이었다. 남자는 "우리 다섯 개 들고 나갈 거야"라고 말하며 매장 문을 바라보았다. 매장 문 밖에는 알록달록 등산복을 입은 세 명의 중년들이 서 있었다. 등산복이 벌써 단풍이었다.

남자는 다섯 잔을 매장의 트레이에 들고 매장 밖으로 나갔다. 트레이를 가지러 갈 겸, 무슨 일이 벌어지고 있는지 궁금증도 해결할 겸 나는 천천히 남자를 따라 매장 밖으로 나갔다. 매장 문 바로 옆에 일행들이 돗자리를 펴놓고 앉아 있었다. 매장 인도 바로 앞은 왕복 8차선의 대로변이다. 이곳은 매장이 아니니 제지할 수는 없었고 트레이만 회수하여 매장으로 돌아왔다.

 듣기로는 돗자리에 앉아 있는 일행들은 오랜만에 만난 친구들이었다. "오케이, 오케이"라고 외친 고객은 외국에서 오랜만에 고향에 온 것 같았다. 친구들과 오랜만에 등산을 하고 저녁을 먹으며 막걸리 한잔 걸친 모양이었다. 식당에서 회포를 풀고 이대로 돌아가기에는 아쉬워서 카페에 가자고 한 것 같다. 그런데 그곳에서 말 그대로 문전박대를 당한 모양새였다. 마음이 조금 신경이 쓰였다. 내가 너무 차갑게 거절을 한 것은 아닌가 생각했다. 나도 어쩔 수 없었다. 다만 문 앞에 앉아 있는 고객님들을 계속 쳐다보게 되었다. 몇 분이 지나지 않았는데 자리에서 없어졌다. 벌써 음료를 다 마신 것인가라는 생각이 들었다. 그리고 모일 곳이 없으니 벌써 모임을 끝내기로 한 것인가 라고 생각했다. 사람의 연결고리는 만남에서 있다고 생각한다.

 바이러스가 사람 간의 연결고리를 흔들고 있다.

들을 마음이 없다면
사람 마음에 돌을 던지지 말았으면 좋겠다.
마음이 얼음인 순간이 많지 않았으면 좋겠다.

나를 보호했던 사랑들

　　　　복숭아가 된 얼굴로 매장을 들어와 음료를 주문하는 사내들이 있다. 달리 표현하자면 그들의 얼굴에는 묘한 웃음이 있다. 나는 가져보지 못한 그런 웃음이 있다. 그들에게는 빨리 음료를 가지고 나가야 한다는 다급함과 꼭 디카페인 음료를 주문해야 한다는 공통점이 있다. 우리 매장 옆에는 아주 거대한 7층짜리 여성의원 건물이 있다. 복숭앗빛 표정들은 곧 아빠가 될 남자들 혹은 아빠가 된 지 얼마 되지 않은 남자들이다.

　사내들의 목에는 '누구누구의 보호자'라고 적혀있다. 보호자라는 말은 듣기만 해도 든든한 마음을 준다. '보호자'라는 단어 자체로 안정감을 준다. 보호하는 사람, 누군가를 보호하는 일은 세상에서 가장 숭고한 일이다. 나를 보호했던 사람들이 생각난다.

지금도 그렇지만 나는 어린 시절에 유난히 병원에 자주 갔다. 소아과, 피부과, 치과. 그때마다 엄마는 내 옆에서 나의 보호자가 되어주었다. 기억에 남는 일은 치과에서의 보호받음이다. 달달한 포도 맛 사탕을 유난히 좋아했던 어린 시절이었다. 덕분에 치과에서 VIP 소리를 듣기도 했다. 그래도 나는 충치가 생겨도 달콤한 것들을 좋아했다. 나는 유난히 치과의 냄새를 무서워했다. 치과는 소리부터 냄새까지 나를 겁에 질리게 했다. 공포의 치과를 갈 때마다 눈물을 흘렸다. 어느 날에는 치과 의사 선생님께서 나에게 나를 위한 장비를 샀다고 하셨다. VIP를 위한 시상식이었다. 상품은 어린아이만 한 검은색 기구였다.

기구의 정체는 치과 치료가 어려운 아이를 위한 장비였다. 검은색으로 연결된 끈으로 아이를 꽁 꽁 묶으면 아이는 아무런 저항도 못 하고 입을 열 수밖에 없었다. 입을 열 수밖에 없다는 표현을 하니 꼭 고문하는 것 같다. 나에게 치과에 가는 일은 고문 같은 일이었다. 치과에 갈 때마다 그런 나 때문에 엄마는 연신 죄송하다는 말을 했다. 그렇게 나는 늘 보호가 필요한 어린이였다.

어린 시절 기억 때문인지 나는 여전히 치과에 가는 것을 두려워한다. 불행인지 다행인지 그때 그 시절의 치과는 아직 그 자리에 있다. 여전히 같은 치과 선생님과 위생사님들이 함께 계시는 곳이다. 집에 가는 길 간판을 볼 때마다 시린 이가 낫는 기분이다. 냉수를 먹을 때마다 이가 시리다. 이가 시릴 때마다 소름이 돋는다.

지난 9월에는 을지로에서 복통으로 응급실에 갔다. 기억에 남은 응급실행은 이번이 처음이었다. 늦은 오후부터 배가 살짝 불편하더니 저녁이 되어서는 걷기조차 힘들었다. 그때 내 옆에 연인이 있었다. 여자친구의 손을 꼭 잡고 주변 대학병원 응급실로 향했다. 응급실의 문은 철통방어 되어있었다. 코로나로 입장부터 어려워진 응급실이었다. 열을 수차례 측정하고 입장을 위한 여러 과정들이 있었다. 다행스럽게도 접종 완료자이고 고열을 동반하지 않아 응급실에 입장할 수 있었다. 입장과 동시에 구역감이 밀려왔다. 간호사분들은 나에게 달려들어 나를 돌보아 주셨다.

 돌보는 사람들은 얼굴이 복숭아가 된다. 달짝지근한 마음에서 나오는 사랑은 모든 것을 보호한다. 어쩌면 나도 누군가의 보호자가 될 때가 있겠지. 그때 나는 지금보다 몸도 마음도 건강한 사람이었으면 좋겠다. 보호하는 사람은 든든해야 한다. 물을 많이 먹고 수분이 가득한 복숭아가 되어야지. 높은 당도를 가질 수 있게.

나는 언제쯤
내가 바라던 내가 될까

　　　　　　매장에는 가족 단위 고객들이 많이 온다. 떼쓰는 아이들, 우는 아이들을 볼 때가 있다. 그리고 아주 가끔 아이에게 소리치는 부모를 본다. 그럴 때마다 마음이 좋지 않다. 마음이 인상 짓는다. 아이는 울고 부모는 아이를 다그친다. 그럼 아이는 더 큰 소리로 운다. 결국 아이를 안고 매장 밖으로 나간다. 아이가 우는 이유는 모르지만 부모가 아이를 다그치는 이유는 조금 알 것 같다. 우는 아이에게 눈치를 주는 고객들이 있다. 눈으로 눈치를 주는 사람도 있고 대놓고 쳐다보는 사람도 있다. 그렇게 눈치를 주는 사람들도 그다지 조용히 있지는 않았는데 말이다. 조용하지 않으면 어떻고 조금 아이가 울면 어떤가. 어차피 이 카페는 모두가 올 수 있는 공간이다.

그런 글을 본 적이 있다. 아이를 때리면 안 되는 이유는 폭력을 쓰면 안 되는 것이 아니라 아이가 아프기 때문이다. 몸으로도 마음으로도. 아이가 아프지 않은 사회를 만들고 싶다. 아이의 몸도 마음도 아프지 않은 사회를 만들고 싶다. 시선으로도 아이를 때리지 않았으면 좋겠다.

아무런 힘이 없는 나는 이따금 어떤 행동을 해야 사회를 바꿀 수 있을지 생각한다. 우리는 아이에게 넓게는 사회 좁게는 이웃으로 존재한다. 아프리카에 '한 아이를 키우는 데는 온 마을이 필요하다'는 속담이 있다. 나는 아이에게 어떤 이웃으로 존재할까. 누군가를 보호하고 싶고 누군가를 보호하는 사람이 생각난다. 누군가를 보호하는 사람이 되고 싶었다.

경찰관이 된다면 아동 청소년 범죄에 관해 일해보고 싶었다. 합격에는 실패했지만 살아가는 것에는 실패하지 않았다. 나는 어디로 가고 있을까. 나는 언제쯤 내가 바라던 내가 될까. 되고 싶은 나는 끝이 없다.

나는 언제쯤 내가 바라던 내가 될까.
되고 싶은 나는 끝이 없다.

고요함이 담기는 시간

오전 8시부터 오후 10시까지, 카페는 14시간 동안 사람들로 북적거린다. 14시간 동안 고객이 없는 시간은 아침 오픈 전 30분, 저녁 매장 마감 후 청소하는 1시간이다. 이 1시간 30분 동안은 정적이 흐른다. 어떤 고요함이 머리와 마음에도 흐른다.

그 고요함은 그 시간을 지나 보지 않은 사람은 알기 어렵다. 수백 개의 비어있는 의자, 수십 개의 비어있는 테이블은 외로움을 말해준다. 매장 문을 열고 들어오는 사람마다 외로움을 따스함으로 채우러 오는 느낌을 받는다. 차갑게 혼자 있던 의자와 테이블들은 따스함을 안는다. 그들이 떠나버려도 의자와 테이블에는 온기가 남아있다. 그 온기가 식기도 전에 다른 따뜻함이 찾아온다. 그 따스함은 부재가 부재하지 않는 것을 의미한다. 그리고 그 고요함은 부재에서 온다.

존재가 없음을 생각한다. 애초에 아무것도 없던 공간에 카페가 생기고 그 카페에 직원이 모인다. 직원은 여러 대륙에서 날아온 원두를 갈고 커피를 내린다. 내려지지 않는 것은 카페의 셔터뿐이다. 카페가 열려있는 모든 시간 동안 아무도 없는 시간은 없다. 카페는 그렇게 우둑하니 기다리고 있다. 사람을.

사람은 카페에서 커피를 마신다. 커피는 사람에게 맛보다는 어떤 채움을 준다. 커피 역시 비어 있는 공간으로 흐른다. 그렇지만 빈 속에 커피를 마시면 속이 쓰리다. 속이 쓰린 것은 고통스럽다. 애초에 비어있는 것들은 다 고통스러울 수도 있다. 그렇기에 무언가를 채우려고 우리는 부단히 노력하지 않는가. 부단한 노력은 채워있던 모든 것이 사라졌을 때 공허함을 느낀다.

    공허와 고요의 차이점을 느낀다. 공허는 허전한 마음이 가득하고 고요는 잔잔한 마음이 가득하다. 그래서 나는 고요 + 공허, 공요한 마음이거나 고허한 마음이다. 공요가 더 둥글둥글하니까. 공요한 마음이라고 해야겠다. 둥글둥글해지고 싶다. 아무튼 나는 공요하다. 마음이 허전하고 또 잔잔하다. 허전한 잔잔함을 헤엄친다. 그 호수의 깊이를 알 수 없다. 잠수를 하고 그 깊이를 측정하고 싶다. 그럴 수 없는 나의 폐활량을 탓한다. 나는 탓하는 것이 많다. 늦은 나이라고 늘 탓한다. 나는 시간이 부족하다고 탓한다.

나는 탓하는 것이 많다.
늦은 나이라고 늘 탓한다.
나는 시간이 부족하다고 탓한다.

마음에 과수원을 짓자

미국에서 오는 원두들을 볼 때마다 미국에 가고 싶어진다. 전역한 그해 누나의 결혼식을 위해 캐나다에 갔다. 밴쿠버 공항에서 아메리카 대륙을 처음 밟아보는 순간 서울보다 거대한 거리에 압도되었다. 막 전역한 군인이 본 세계는 넓고 아늑했다.

나뭇잎부터 하늘까지 서울과는 너무나 다른 도시. 단풍국의 여름은 풍부했다. 인종의 풍부함, 이민자의 나라는 다양한 사람들로 단풍을 이뤘다.

바다 근처에서 열린 누나의 결혼식을 마치고

한 달 정도 캐나다에서 지낼 기회가 생겼다. 지금이 아니면 언제라는 말로 캐나다에서 한 달을 보내게 되었다. 그러다 누나가 모아둔 돈으로 엄마와 일주일 동안 미국을 여행할 기회가 생겼다. 밴쿠버 공항에서 비행기를 타고 로스앤젤레스 공항에 도착했다. 패키지 여행사가 들고 있는 패널이 눈에 들어왔다. 여행 코스는 일주일 동안 미국 서부를 버스 타고 이동하는 것이었다. 요세미티, 금문교, 유니버설 스튜디오까지.

버스를 타고 이곳저곳을 다니다가 아주 멀리서 흰 글씨로 보이는 할리우드라는 글씨를 보았다. 나는 가슴이 수박이 되었다. 저걸 보기 위해 미국에 온 것이 아닌데 꼭 그런 것 같았다. 마음이 수박이 되었다. 많은 수분이 마음에 들어왔다. 달콤하고 시원했다. 할리우드 영화들, 하얀 자막으로만 보아왔던 미국 영화 속에 들어와 있는 기분이 들었다.

고등학교 3학년 때 엄마에게 배우가 하고 싶다고 편지를 쓴 적이 있다. 영화를 아주 좋아했었다. 매주 토요일이면 누나랑 토요 명화를 보고 일요일이면 출발 비디오 여행을 봤다. 비디오 가게에서는 비디오테이프 겉면에 있는 표지를 보면서 몇 시간을 보냈다. (빌리지도 않을 거면서 지금 생각하면 민폐였다.) 아무튼 영화는 언제나 나의 꿈이었다.

언젠가는 할리우드에 가고 싶다. 여행으로 말고 일하러 가고 싶다. 언젠가는 내가 만든 이야기가 할리우드의 입방아에 오르내리는 상상을 한다. 미래를 꿈꾸는 마음은 가을 사과처럼 달달해진다. 마음에 과수원을 짓자. 여름이 지나고 붉은 사과가 사과나무에 달리면 수박을 생각해야지. 어떤 미래가 되었든 무르익어 단단해진 사과처럼 단단한 마음으로 미래를 농사지어야지.

언젠가는 내가 만든 이야기가
할리우드의 입방아에 오르내리는 상상을 한다.
미래를 꿈꾸는 마음은 가을 사과처럼 달달해진다.

보이지 않는 다정함

 일을 하다 보면 종종 그들의 대화를 귀에 담게 되는 것이 사소한 즐거움이다. 귀로 들어오는 이야기를 집중하다 보면 이야기하는 그들의 표정이 궁금해진다. 그럴 때는 시선을 올려 그들을 바라본다. 다양한 연령대로 가득 채워지는 카페는 그만큼 남녀노소 다양한 대화들이 존재한다. 내가 막역하지 않은 사람과 만날 때, 아무 장소에서 만나기는 조금 그럴 때 스타벅스에서 만나듯 이곳에서 많은 사람들의 만남이 이어진다. 소개팅, 소개팅 그 다음의 만남, 싸우고 들어온 연인들, 오랜만에 만난 동창들 등 다양한 관계와 상황을 마주칠 때 그들이 어떤 사이인지 알아볼 수 있는 눈치가 생겼다. 귀로는 그들의 대화, 눈으로는 그들의 간격에서 그들 사이에는 어떤 벽이 있는지 알 수 있다.

그들 사이 약간의 거리에서 불편함이 아닌 조심스러움이 느껴질 때 나도 더욱 부드럽게 응대해야겠다는 마음이 든다. 조심스러운 그들의 몸짓과 마음짓이 깨지지 않기를 바라는 마음을 담는다. 그들이 이곳에 왔다가 이곳을 떠날 때 서로의 간격이 조금 좁아지기를 바라는 마음을 담아 응대한다.

나는 프로답지 못한 사람이라서 가끔 퉁명스러운 사람에게는 나 역시도 퉁명을 담아 응대할 때가 있다. 나로 인하여 너의 불편함이 나아지지 않기를 바랄 때도 있다. 모난 마음이지만 내 마음이 너무 각이 나게 되었으니 어쩔 수 없는 일이다. 조금 더 친절하지는 않아도 사랑을 풍기고 싶은 마음은 있다.

퉁명스러워 보이지만 한편으로는 보이지 않는 다정함으로 이야기하는 어르신들의 말투를 볼 때면 우리 부모님이 생각난다. 그럴 때는 그들 자녀의 친구 역할을 하고 싶다. 남들처럼 싹싹한 척을 하며 그들의 주문을 돕는다. 단 하나의 단어로 "커피 주세요"라고 말씀하실 때는 혼자 궁리한다. 최대한 그들이 무안하지 않기를 바란다. 그럼 이렇게 말씀드린다. "따뜻한 아메리카노 기본 사이즈 드릴까요?" 그럼 대부분의 어르신들은 "어어 맞아, 아메리카노. 뜨시게." 그럼 나는 계산을 돕는다. 젊은 고객 대부분의 음료는 '아이스'이고 어르신 고객님들의 음료는 대부분 '따뜻한 음료'다. 그리고 어르신들은 아메리카노라는 단어보다 커피라는 단어에 익숙해하신다. 그들의 주문이 조금 불편하지 않았으면 하는 마음을 담는다.

보이지 않는 다정함은
다정함을 보여주고 싶게 만든다.

보이지 않는 다정함은
다정함을 보여주고 싶게 만든다.

어떤 대화는
이어폰 속 음악보다 낫다

 매일은 아니지만 가끔은 이어폰을 끼고 노래를 들으며 출근한다. 음악 말고는 아무것도 들리지 않게 하는 노이즈 캔슬링은 아무런 생각도 하지 않게 만든다. 출근 후의 걱정, 출근 전의 걱정 같은 것들을 잠시나마 없애준다. 그럴 때마다 출근길 버스에서 내리고 싶지 않다. 오로지 버스 창밖의 하늘을 보며 노래를 듣고 싶다. 하지만 현실은 내려야 할 정류장이 다가오면 노이즈 캔슬링을 비활성화시킨다. 버스에서 나오는 알림에 맞춰서 하차할 준비를 한다. 매장에 들어가기 전에 귀에서 에어팟을 빼고 가방 속에 손을 넣어 뒤적거린다. 닿지 않는 케이스에 답답함이 느껴질 때쯤 손에 에어팟 케이스가 잡힌다. 에어팟 정리를 완료하고 매장으로 들어가면 세상이 바뀐다. 하기 싫은 일의 시작이 된다.

옷을 갈아입고 근무 시작을 위해 준비를 마치고 나서 가끔 테이블에 자리 잡고 웃으며 이야기를 주고받는 고객들을 한 번 쭈-욱- 바라본다. 그리고 나서는

'나도 앉아서 여유롭게 커피 마시고 싶다'라고 생각한다.
그렇게 일을 시작한다.

일행과 온 고객도 많지만 가끔 혼자 방문한 고객도 많다. 가끔은 그렇게 혼자만의 음료를 주문하는 사람이 부럽다. 케이크를 접시에 담을 때 포크를 하나만 챙겨도 되는 그런 고객님이 부럽다. 케이크를 혼자서 다 먹을 수 있을 뿐 아니라 그만큼 달콤한 시간도 혼자서 보낼 수 있다는 것이 부럽다.
마음이 어지러울수록 혼자 정리하고 싶을 때가 많다. 내가 일하는 환경은 혼자서 일할 수 없는 환

경이다. 아무런 말을 하고 싶지 않을 때에도 대화를 해야 한다. 그 점이 나는 가끔 힘들다. 그래도 대화는 나를 조금 나아지게 한다. 함께 일하는 사람이 있어서 혼자만의 망망대해에서 빠져나올 수 있다. 대화라는 구조선을 망망대해에 보내주는 옆에 있는 사람들에게 감사하다. 구조선은 나의 마음이 어두워지는 곳에서 구출한다. 대화는 그렇게 사람의 마음에 빛을 비춘다. 손전등 같은 불이 아니라 모닥불 같은 따뜻한 불로 비춘다. 그래서 어두운 곳은 밝아지고 따뜻해진다. 어떤 대화는 이어폰 속 음악보다 낫다.

그러니까 아무튼 우리 고객님들은 이어폰을 빼고 주문했으면 좋겠다. 그럼 대화할 수 있을 텐데. 우리가 대화한다면 고객님은 자신이 얼마나 작은 소리로 주문하는지 알 수 있을 텐데. 드시고 가냐는 나의 물음을 들으실 수 있을 텐데. 주문할 때는 이어폰을 빼고 주문하자. 자신은 말을 하는 것 같아 보일 수 있어도. 이어폰 속 음악에만 집중하면서 주문할 수는 없으니까요.

내가 바라던 내가 되도록 나는 소망한다.

출근길 단상

　　　　　매일 출근이 다른 일을 한다. 아침부터 밤까지 문을 여는 공간에서 일을 한다. 매일 문을 여는 카페다. 매일 문을 열지만 매시간 근무하는 사람은 다르다. 그래서 나 역시 출근 시간과 퇴근 시간이 상당히 유동적이다. 일주일 단위로 나오는 스케줄 근무표 때문에 쉽게 다음 주 약속을 잡을 수 없다. 그래서 가끔은 월화수목금, 9-6 근무하는 사람들이 부러울 때가 있다. 사실 그렇게 고정적인 일을 하는 사람들이 부러운 때가 더 많다.

　　가끔 오전 8시 30분에 출근한다. 아침에 문을 여는 사람 그다음 근무자로 출근하는 시간이다. 그 시간에는 지하철을 타고 출근한다. 빽빽이 쌓여진 도로를 통과하는 버스를 타고 제시간에 도착할 자신이 없다. 지하철역은 집에서 15분 거리에 있다. 집 문을 나서고 큰길로 들어서면 많은 사람들이 지하철역으로 향한다. 그럴 때마다 나는 느낀다.

이 사람들이 가는 사무실은 어떤 공간일까. 나는 사무실에서 일해본 적이 없다. 통상 회사원이라 불리는 사람처럼 양복을 입고 서류 가방을 들고 출근해 본 적이 없다. 어린 시절 어른이라함은 양복을 입고 넥타이를 매고 출근하는 사람들이었다. 그렇지만 나는 지금 청바지를 입고 크로스백을 메고 매장이라 불리는 회사에 간다. 누군가는 회사라고 보지 않을 수도 있다. 회사라는 곳은 조금 더 정숙한 곳이라고 생각할 수 있으니까. 나는 이 시간 지하철역을 걸을 때마다 나는 어쩌다 이렇게 일하게 되었을까를 생각한다. 어린 시절 단 한 번도 생각해 보지 않은 일로 먹고살고 있으니까 말이다.

사무실에서 일하는 것은 아마 내 적성에 많이 맞지 않을 거다. 경찰관이 되고 싶었지만 그러지 못했고 그러고 나서는 일은 보람보다 사람이 돈을 버는 수단이라고 생각하기로 했다. 원하는 직업을 얻지 못한 사람이 한두 명이 아닌 것은 확실하다.

바라던 어른이 되는 일은 어려운 일이다. 일이라는 것은 그 사람이 어떤 사람이라는 것을 말해주기도 한다. 명함이 없는 일을 한다. 그렇다고 내가 어떤 사람인지 보여줄 미래가 없는 것은 아니다. 언제까지 커피를 만드는 일을 할 것인지는 알 수 없다. 일에서 가끔 재미를 느낀다. 그렇지만 일은 나를 대변하지 않는다고 생각한다. 나는 날마다 나은 사람이 되기 위해 노력해야겠다. 내가 바라던 내가 되도록 나는 소망한다.

가운뎃손가락

가끔은 정말 마주치기 싫은 말과 행동을 어쩔 수 없이 만난다. 나는 붙박이처럼 포스기 앞에 서 있고 그 사람은 나의 건너편으로 걸어온다. 사람과 사람의 기본적인 도리도 없이 사람을 자판기 취급하는 사람을 볼 때가 있다. 그런 순간이면 나도 포스기를 가운뎃손가락으로 조작한다. 나머지 손가락은 전부 접은 채로. 나는 마음이 아주 작다.

노란 모자 커피집

　　　　　코로나바이러스로 매장 문을 조금 일찍 닫고 있다. 식당과 카페는 22시까지 영업이 가능하지만 우리 매장은 21시면 문을 닫고 있다. 우리 매장뿐 아니라 우리 매장이 속한 지역 모두 그 비슷하게 운영하고 있다. 나는 쉬는 날에도 카페에 자주 가는 편이다. 직원 할인 때문에 가벼운 가격으로 먹을 수 있어서 보통 우리 회사 다른 매장을 방문한다.

　직원으로는 문을 일찍 닫는 것이 이른 시간에 집으로 돌아갈 수 있어 좋지만 고객으로는 일찍 문을 닫는 카페는 아쉽다. 아직 친구들과 할 이야기가 남아있을 때는 더더욱 그렇다. 20시에 매장 문이 닫혀 주변에 있는 노란 간판 카페에 가보았다. 아주 오랜만에 우리 회사가 아닌 다른 카페를 가보았다. 앉아 있는 고객들은 대부분 중고등학생들이었다. 카페는 내가 일하는 곳과 분위기가 많이 달랐다. 커피를 만드는 것은 같지만 그 외에 다른 것들은 모두 달라 보였다. 매장의 분위기는 물론이고 고객층, 일하는 파트타이머들의 나이도 나보다 훨씬 어려 보였다. 언뜻 보기에 스무 살 초반 혹은 고등학생 같아 보였다. 각자의 자리에서 일하는 모습을 보니 마냥 놀기만 좋아했던 나의 어린 시절이 생각났다.

시간이 얼마나 흘렀는지도 모르게 친구들과 이야기를 나누었다. 주변을 돌아보니 중고등학생들은 이미 다 사라져버린 후였다. 몇몇의 양복을 입은 사람들과 몇몇의 츄리닝을 입은 청년들만 음료를 홀짝이고 있었다. 그때 소란이 일어났다.

매장 카운터 쪽에서 큰 소리가 들려왔다. 익숙한 광경을 다른 자리에서 보는 순간이었다. 파란 모자를 쓴 한 남자가 노란 모자를 쓴 파트타이머에게 큰 소리로 화를 내고 있었다. 손에는 일회용 위생 장갑을 착용한 상태였다. 대화는 자세히 들어보니 이러했다. 티라미수라떼라는 메뉴를 시켰는데 티라미수에 올라가는 초코 가루가 다 먹을 때까지 안 나왔다고 했다. 메뉴가 잘못 만들어졌으니 환불을 해달라는 이야기였다.

노란 모자 직원은 제가 커피를 만들어서 기억하는데 분명히 넣었고, 이미 다 마신 음료는 환불해 드릴 수 없다고 했다. 나는 멀리서 생각했다. '분명히 넣었다고 말하면 넣었겠지만 고객 입장에서는 못 본 것이니 불확실하고.'(내가 일하는 회사에서는 이런 강성한 고객의 경우에 CCTV를 돌려 시럽이 들어갔는지 확인한다.) '이미 다 마신 음료는 환불해 드릴 수 없는 게 맞지.' '음료가 이상하면 한 입 먹고 바로 가지고 와야지.' 다 마시고 환불해달라는 건 돈 안 내고 먹겠다는 이야기 같았다. 그렇지만 역시나 말이 통하지 않는 사람 같았다.

직원은 환불의 불가함을 알렸고 정 그러면 다시 만들어 드린다고 했다. 남자는 수긍했다. 직원은 몸을 돌려 음료를 다시 만들기 시작했고 그런 직원의 뒤통수에 남자는 이런 말을 던졌다.

"이건, 가정교육 문제야."

'엥?' 속에서 욕이 나왔다. 제삼자의 입장에서도, 아니 어느 입장에서도 이해할 수 없는 발언이었다. 상황, 문장, 말투, 모든 것에서 맞는 점이 없었다. 근래 들어본 말 중에 최악의 말이었다. 적당함이라는 것이 없다. 내가 이곳의 직원이 아니라는 게 화가 났다. 내가 노란 모자의 직원이었다면 그 앞에서 '지금 뭐라고 하셨어요?'라는 말을 할 수 있었을 텐데. 뒤통수로 쓰레기 같은 말을 들은 직원의 뒷모습은 우는 얼굴이었다. 분명히 나보다 10살은 어려 보이는 직원이었고 남자는 나보다 10살은 많아 보이는 사람이었다.

일하는 공간은 달라도 최악의 인간을 만나는 일을 하는 사람들이 있다. 많은 사람들을 만나지만 그 중에 누가 최악의 인간일지는 모르는 랜덤 박스를 여는 일을 한다. 대부분의 박스는 예상한 물건이 들어있다. 아주 소수의 박스는 웃음 지어지는 물건이 들어있고 아주 가끔의 박스는 쓰레기가 들어있다. 그런 박스는 가끔 리본에서부터 냄새가 난다. 썩은 냄새 같은 것들. 부패한 쓰레기는 물건을 여는 사람의 눈과 코, 마음까지 인상 쓰게 만든다.

어떤 사람을 만날지 모르는 일을 하는 사람들이 조금 안심하는 순간이 많아졌으면 하는 마음이 물컹물컹하게 올라온다. 내일은 노란 커피집에서 따뜻한 차를 한잔 사 먹고 싶다.

어떤 사람을 만날지 모르는 일을 하는 사람들이
조금 안심하는 순간이 많아졌으면 하는 마음이
물컹물컹하게 올라온다.

나는 가면을 쓰고 있다

여러 가지 속마음을 가지고 있는 사람이다. 돈을 벌고 싶어 하면서 일은 하기 싫어한다. 가만히 있고 싶으면서 큰 사람이 되고 싶다. 큰 사람, 어떤 사람이 큰 사람이냐 묻는다면 마음이 큰 사람이 되고 싶다. 아주 작은 마음을 가지고 있는 나는 그만큼 작은 것에도 상처를 받는다. 조급한 성격이고 매사에 신중하지 못하다. 집중하지 못한다는 말을 듣는다. 어렵다. 일하면서 집중하지 못하는 순간이 많다. 생각이 여러 개라 떨쳐내기 어렵다. 항상 하는 생각은 '내가 지금 이곳에 있는 것이 맞는가'이다.

꿈꾸던 삶을 살고 있지 않다. 꿈이라는 것은 애초에 너무 추상적이다. 구체화되지 않은 삶들이 미끌거린다. 집중할 수 없는 순간의 연속.

누구나 자신의 자리가 자신이 꿈꾸던 삶이라고 생각하지는 않겠지. 나는 다만 그 간격이 조금 넓은 사람이다. 일은 하지만 단지 돈을 버는 수단이다. 보람보다 boring을 느끼는 순간이 가득하다.

다시 태어나고 싶다. 산다는 것은 아주 웃는 척을 해야 하는 것은 아닐까. 애초에 웃었던 순간들은 태초에만 가득한 것은 아닐까. 지나간 태초는 웃음을 놓아주지 않는다. 앞으로 가는 길은 다리에 모래주머니를 차고 걸어가는 길 같다. 아직도 멀었는데 다리가 너무 무거운 느낌. 그래도 걸어갈 다리가 있어서 다행이다.

어느 방향으로 걸어갈지 고민 중이다. 걸어보지 않은 길은 위험해 보인다. 그만큼 흥미진진해 보이기도 하고.

아주 오랜 시간 걸어갈 준비를 하고 있다. 삶은 걷다 뛰기를 반복해야 하는 인터벌이니까. 심장이 뛰는 인터벌은 편안한 운동화 같은 마음이 필요하다. 그리고 운동화를 사기 위해서는 일을 해야 한다. 일하기 위해서는 웃지 못할 순간에도 웃어야 한다. 오늘도 억지로 웃으며 주문을 받고 커피를 만든다.

아무튼 나는 가면을 쓰고 있다.

매일 수수께끼를 풀고 있다

정답을 찾으려는 것은 아닌데 의문이 많아진다. 뭐든 잘해보고 싶은 마음이다. 정답은 없다고 생각하지만 오답은 피하고 싶으니까. 수수께끼를 푸는 심정으로 생활하고 있다. 그동안의 오답들을 오답 노트에 정리해 둘걸. 해설지가 빈약한 생활. 사는 게 아무리 많은 문제 풀이를 해도 기출 문제는 없으니까.

아직도 어디로 나아가야 하는지 분명하지 않다. 불투명하다고 생각되는 것들을 투명하게 또 선명하게 만드는 과정들. 스무고개 같다. 그래도 조금은 나아지고 있다고 믿는다.

경찰관이 매장에 올 때마다
마음이 물티슈가 된다

　　가끔 절도 사건이 발생한다. 쇼케이스에 있는 병 음료를 훔쳐 가는 사람도 있고 고객이 잠시 자리를 비웠을 때 지갑을 가져가는 절도범도 있다. 그래서 가끔 매장에 경찰관이 오는 경우가 있다. 순찰차를 타고 제복을 입고 오는 경찰도 있고 팔에 서류봉투를 끼고 들어오는 경찰관도 있다. 매장에 경찰관이 오는 날이면 마음이 물티슈가 된다. 이상하게 척척 젖는 느낌이다. 나는 분명 미련을 버렸다고 생각했는데 이상하게 마음이 젖는다. 아무래도 꿈이라는 글자가 많이 무거운 까닭이 아닐까. 아주 오래 공부를 했다. 아주 오래 꿈을 그렸다. 누군가는 쉽게 합격하는 시험이라고 하는데 어떤 누군가는 그렇게 되지 못한 경우도 있다. 나처럼 누군가의 합격의 밑거름이 된 사람이다. 커피 찌꺼기 같은 삶을 산 것은 아닌가 생각이 든다. 우리는 같이 볶아졌을 수도 있다. 같은 커피 가루였다가 어떤 것은 커피가 되고 어떤 것은 커피 찌꺼기가 되니까. 마음이 원두처럼 시꺼메진다.

꿈이라는 것은 무엇일까. 되고 싶은 것일까 아니면 하고 싶은 것일까. 되고 싶은 것과 하고 싶은 것은 차이가 있다. 되고 싶은 것은 '되었다'라는 끝이 있고 하고 싶은 것은 '한다'라는 끝없이 움직이는 것 같다. 그렇다면 나는 경찰이 하고 싶었다. 경찰관으로 누군가를 도와주는 삶을 살고 싶었다. 가장 도움이 필요한 곳에 가장 빠른 시간에 가서 위로를 하고 싶었다.

그렇다면 궁극적인 나의 꿈은 위로를 주는 사람이 아니었을까 생각을 해본다. 나는 위로를 주는 삶을 살고 있을까. 그럴 수도 있고 아닐 수도 있다. 그래도 최대한 친절한, 따뜻한 사람이 되어보려고 노력하고 있다. 그렇게 나를 위로하고 있다. 나는 정말 어떤 마음일까.

바라던 나는 어디에 있을까. 나도 나를 모르겠다. 그냥 경찰관이 매장에 올 때마다 마음이 물티슈가 된다.

바라던 나는 어디에 있을까.
나도 나를 모르겠다.

핫도그 할머니

　　　　　스팀이 필요한 음료의 주문이 늘고 있다. 날이 추워지고 있다. 따뜻한 라테는 거의 먹지 않는 나이지만 이상하게 날이 추워지면 이상하게 따뜻한 라테가 먹고 싶어진다. 나뿐 아니라 고객님들도 그런 것 같다. 매번 아이스 아메리카노를 주문하던 고객도 매번 초코칩 프라푸치노를 주문하는 고객도 날이 조금 추워지는 것 같으면 따뜻한 라테를 주문한다. 사람은 모두 같은 습성을 가진 동물이구나 하는 생각이 든다. 라테 주문이 많아지는 날이면 생각나는 고객님이 있다. 핫도그 할머니이다.

　내가 전에 일하던 매장은 지금 일하는 매장과

같이 매장에 들어가려면 세 개의 계단을 올라야 했다. 대부분의 빌딩의 계단처럼 그때 일하던 매장의 빌딩 역시 대리석으로 된 계단이 있었다. 태양이 뜨거운 날에는 그 대리석에 비친 햇살이 따뜻해 보였다. 그렇지만 태양이 차가워 보이는 날에는 한없이 차가워 보였다. 그리고 불안스럽게 미끌거렸다.

하루는 어떤 할머니가 오셔서 따뜻한 음료 세 잔을 주문하셨다. 당시 일하던 매장은 매우 한가한 매장이었다. 할머니의 음료를 하나씩 제조하면서 할머니를 한 번씩 쳐다보았다. 곱게 차려입은 모습이 꼭 좋아하는 사람들을 만나러 가는 모습 같아 보였다. 세 잔의 음료를 완성하고 종이 캐리어에 담아 포장해 드렸다. 뜨거우니까 조심하시라는 말과 좋은 하루 되시라는 말을 진심으로 건넸다. 그렇게 할머니를 보내드리고 다음 음료를 이어서 만들었다.

몇 잔의 음료를 만들고 있을 때 에스프레소 머신 앞에 할머니가 서 계셨다. 할머니는 나를 쳐다보시며 무슨 말을 하고 싶어 하셨다. 그리고 할머니의 손에는 커피가 없었다. 종이 캐리어는 그 역할을 상실한 채 아무것도 담고 있지 않았다. 그때 할머니가 말씀하셨다.

"학생, 미안해. 내가 저 문 앞에서 넘어질 뻔해서 커피를 쏟았어."

나는 내가 미안해졌다. 우선 매뉴얼대로 할머니께 다치시진 않냐고 물었다. 매뉴얼대로 말하면서 진심으로 다치진 않으셨는지 생각하게 되는 고객은 할머니가 처음이었다. 할머니께서는 다치지 않았다고 말씀해 주셨지만 나는 진심으로 죄송하다고 말했다. 그리고는 할머니가 주문하셨던 음료를 바로 다시 제조했다. 그러고는 다시 전달해 드리며 문 앞의 음료는 저희가 치울 테니 조심히 들어가시라고 말했다. 할머니는 계속 돈을 주시겠다고 했지만 나는 괜찮다고 했다. 그렇게 할머니는 나가시고 나는 할머니를 바라보았다. 할머니의 음료가 떨어져 있는 바닥은 오전 내 내린 눈으로 너무나 미끄러운 상태였다. 급히 다른 파트너들과 계단 앞이 미끄럽지 않도록 했다.

가끔 커피를 쏟았다고 한 입도 못 먹었다며 다시 제조해달라고 하는 고객들이 있다. 서비스 차원에서 다시 해주는 경우도 있지만 너무 당당하게 이야기할 때는 그러고 싶지 않은 순간이 많다. 하지만 할머니는 다시 해달라고 온 것이 아니었다. 다만 '내가 문 앞에 음료를 쏟아서 미안해'라고 사과하러 오신 것이었다. 이런 어른이 되고 싶다. 사과할 줄 아는 어른.

며칠이 지나고 나서 포스기 앞에서 주문을 받고 있는데 어떤 고객이 대뜸 얼굴 쪽으로 하얀 종이봉투를 내밀었다. 종이봉투 너머에는 할머니가 계셨다. 인사를 건네니 할머니는 세 명이 일하는 것 같아 세 개를 사 왔다고 하시며 먹으라고 하셨다. 무엇인지 확인하기도 전에 할머니는 포스기 앞에 봉투를 놓고 바로 매장을 떠나셨다.

봉투 안에는 눈처럼 하얀 설탕이 뿌려진 따뜻한 핫도그 세 개가 담겨져 있었다.

집으로 가는 길

모든 스케줄 근무자들의 고충은 아마도 유동적인 출근 시간과 퇴근 시간일 것이다. 나 역시 유동적인 출근 시간과 퇴근 시간으로 좋은 점도 있지만 스트레스받는 부분도 분명하게 있다.

많은 시간 일하지는 않지만 퇴근 시간이 다가올 때마다 어떻게 집으로 돌아갈까 생각한다. 매장에서 집까지는 버스로는 25분, 따릉이로 역시 25분 정도(속도를 조금 즐기는 편이다), 걸어서는 한 시간 조금 넘게 걸린다. 세 가지 방법 중 어떤 선택을 할지 고민한다. 그렇게 고민하고 있으면 시간도 더 잘 가는 것만 같다.

세 가지를 고민하는 이유는 내가 어떤 근무를 했냐에 따라 다르다. 몸이 정말 힘들었던 날에는 버스를 타고 앉아서 가고 싶다. 조금 혼자만의 시간을 보내고 싶을 때는 따릉이를 타고 조금 더 길게 혼자만의 시간을 보내고 싶으면 걸어서 집으로 간다. 정말 혼자만의 시간을 보내고 싶을 때는 몇 시간을 서서 일했지만 다리가 아픈 것이 중요하지 않다.

선임 파트너에게 좋지 못한 말을 듣거나 어떠한 말들로 인하여 나에 대해 더 생각하게 되는 날, 출근할 때 발이 편한 운동화를 신고 오기 잘했다는 생각을 하게 된다. 마음이 커피로 얼룩지는 날이 있다. 서류들이 가득한 사무실이 아니고 정장 차림의 구두굽들이 없는 공간이라도 선임과 후임, 평가자와 인사권자가 있는 공간이라면 누구나 숨 막히는 공간일 것이다. 카페인을 코로 먹고 싶은 순간들이 많다. 나는 이 공간에서 가끔 외톨이가 된다.

혼자 집으로 걸어가게 될 때마다 하게 되는 생각은 남들의 평가에 너무 속상하지 말자이지만 나는 생각보다 속이 좁은 사람이다. 내가 잘못하지 않은 부분까지 속상해한다. 억울하고 보이지 않게 내가 신경 쓴 부분이 떠오른다. 나 혼자 있는 거리에서만 그런 것들을 나한테 말할 수 있다. 그러고는 나를 잘 알지 못한다고 생각한다. 나는 마음이 많이 좁다. 집으로 돌아오는 길이 어느 날보다 길 때면 그런 상황들, 사람들을 이해하고 싶어진다.

이해는 나에게 숙제 같은 일이다. 자주 속상함을 안고 일을 한다. 속상함은 시원한 아메리카노로도 차분해지지 않는다. 달짝지근한 바닐라라테로도 달래지지 않는다. 결국 이해할 수 있는 것은 더 깊은 공간에 있다. 아메리카노도 바닐라라테도 흐를 수 없는 공간에 있다. 그 공간을 '나'라고 부른다. 나는 나로 차분해지고 달랠 수 있다. 내가 나를 아니까. 내가 어떤 태도로 살아가는지 아니까. 그래도 이해할 수 있다.

속상함은 시원한 아메리카노로도
차분해지지 않는다.

매장의 배를 채우는 사람들

 월요일, 수요일, 토요일마다 MD가 들어온다. 오픈 근무를 위해 새벽에 출근하는 날이면 커다란 상자들이 수십 개씩 쌓여있다. 하나의 벽을 만들어서 단단하게 서 있다. 그 박스들 안에는 텀블러부터 시럽, 원두들과 컵들. 다양한 물건들이 새벽부터 일찍 들어와 있다. 내가 일요일, 화요일, 금요일에 매장 문을 닫고 나갈 때는 그런 것들이 없는데 새벽에 있다는 것은 그사이 누군가가 가져다 놓았다는 말이다. 우리는 누군가를 '기사님'이라고 부른다.

 매일 새벽마다 필요를 나르는 이들이 있다. 넣

어놓은 발주에 맞춰 트럭에 올라간 물건들을 배송하는 일. 기사님들은 왜 새벽에 일할까, 라고 생각해본 적이 있다. 아침에 물건이 들어와야 장사를 하는 이유라면 그 전 오후에 들어와서 채워 놓으면 되는 것은 아닐까 생각했고 새벽에는 차가 없으니 더 윤활한 배송이 쉬운 걸까, 라고 생각한 적도 있다. 거의 마주친 적이 없어서 물어보지 못했다. 아마 자주 마주친다고 해도 물어볼 용기는 없을 것이다. 그들은 언제나 신속하고 묵묵하니까. 예전에 일하던 매장에서는 자정 넘어 문을 닫게 되는 일이 잦아서 몇 번 기사님들을 마주친 적이 있다. 그 기사님은 생머리를 길게 늘어뜨린 건장한 아저씨였다. 긴 생머리 아저씨가 긴 생머리를 가지게 된 이유가 궁금했지만 역시 물어볼 수 없었다. 그 생머리 아저씨는 유난히 움직임이 부드러웠기 때문이다. 덕분에 혹시 아저씨의 머리가 긴 이유는 어떤 예술을 하기 때문이 아닐까 생각을 했다. 낮에는 예술을 밤에는 배송을 하는 그런 멋진 사람은 아닐까 생각했었다.

새벽에 일하는 사람의 낮이 궁금했다. 누군가가 잠든 시간에 일하는 사람들은 누군가가 일하는 시간에 잘까. 그렇게 생활한다면 그들의 낮이 너무나 촉박하지는 않을까. 낮과 밤이 다른 사람들이 조화를 이루며 살 수 있을까. 낮과 밤으로 나뉜 생활을 살아가는 것 자체가 이미 조화로운 삶인 것 같다.

나는 아무것도 모르지만 분명한 사실은 새벽을 깨우는 사람들은 부지런하다는 것이다. 이슬이 촉촉해 그들이 흘린 땀에서는 냄새가 나지 않는다. 그들이 운전하는 트럭은 조금 더 부드러울 것이다. 모두가 잠든 새벽에 열렸다 닫히는 문은 조금 더 조심스러울 것이다. 그들은 새벽을 달리는 다크나이트, 불 꺼진 매장의 불을 켜는 어둠의 기사님.

그들이 지나간 새벽마다 매장은 배가 부르다. 든든하게 채워진 물건들로 매장은 또 하루를 살아간다.

그들이 지나간 새벽마다 매장은 배가 부른다.
든든하게 채워진 물건들로 매장은
또 하루를 살아간다.

씨름을 하고 있다

마음에는 어떤 블랙홀이 있는 것 같다. 아무리 넓어지려고 해도 자꾸 모든 것을 소멸시킨다. 소멸되는 것들은 나에 대한 것들이다. 서류를 보며 일하지 않고 어떠한 제복을 입고 일하지 않고 있다. 그냥 일정한 드레스 코드가 있는 옷들을 입고 정해진 앞치마를 두르고 일하고 있다. 누군가는 서류와 씨름하고 누군가는 숫자와 씨름하는 삶을 살고 어떤 누군가는 범죄와 씨름하는 삶을 살아간다. 나는 매일 사람을 만나는 일을 하고 있는데 사람과 씨름하며 살아가고 있지는 않다. 그냥 씨름을 하고 살고 있다. 내가 매고 있는 샅바는 너무 무겁다. 흐느적거리지만 단단하다. 그리고 눈앞에는 수많은 삽바들이 있다. 고객이라는 삽바, 동료라는 삽바, 커피라는 삽바 같은 무수한 삽바들과 싸우며 산다.

조용하게 지내는 날은 별로 없다. 스무스하지 않은 날들의 연속이 덜컹거린다. 매일 다양한 사람들을 보면서 다들 그렇게 사는 것이겠지,라는 생각을 연료로 삼는데 엔진오일이 부족하다. 그런 생각을 할 때마다 미세하게 마음에 스크래치가 난다.

이상한 책임감이 생긴다

　　　　　　주문을 받다 보면 내가 무안해지는 순간들이 있다. 고객이 캐러멜마키아토를 카메라 마키아토라고 주문할 때, 딸기요거트블랜디드를 딸기요구르트라고 주문할 때 가끔 무안해진다. 고객이 주문을 마치고 주문 확인을 하는 과정에서 내가 정확한 음료명을 말하면 고객이 무안해하고 부끄러워할까 봐 걱정되기도 한다. 그 정도는 괜찮다. 모를 수 있고 웃고 넘어갈 수 있는 부분이니까. 그 부분이 지나서 음료 주문이 마무리되고 결제하는 과정에서 다른 상황을 마주칠 때가 있다. 카드로 결제하는 경우 포스기 화면에 승인 완료라는 파란 팝업이 뜨는데 가끔 파란 팝업 창에 주황 글씨가 뜨는 순간에 이상한 무안함과 책임감을 느낀다. 바로 잔액 부족이나 한도 초과로 인하여 결제가 불가한 순간이다. 그럴 때 잔액이 부족하고 한도가 초과된 이 상황을 어떻게 부드럽게 알려드려야 할지 이상한 책임감이 생긴다.

나는 소비를 줄이기 위해 사용할 체크카드에 그날 사용할 아주 최소한의 금액만 입금하고 사용한다. 혹시 입금한 금액을 넘어가는 지출이 있다면 계산 전 미리 다시 채워 넣는 식이다. 그렇지만 깜빡깜빡하는 방향지시등 같은 성격을 가지고 있다 보니까 가끔 결제할 때 잔액 부족이라고 안내받는 경우가 많았다. 나는 그런 경우 이상한 무안함을 느꼈다. 그 무안함 덕분에 근무 중에 혹시나 나로 인해 그렇게 무안해할까 봐 조심스러운 마음으로 근무한다.

잔액 부족과 한도 초과의 마음을 전할 때 느끼는 이상한 무안함은 사람을 무안하게 하지 않아야 한다는 책임감에서 온다. 나는 사람에게 무안을 주는 행동을 아주 싫어하는 사람이다. 특히 가장 책임감이 강하게 나타나는 순간이 있다. 단체로 온 고객님들인데 서로 자신이 결제한다고 둘이서 보기 좋게 투닥투닥하다 한 명이 승리하고 결제하는 순간에서 결제가 안 되는 때이다. 이럴 때는 정말 수많은 카드회사를 원망하게 된다.

그리고 고객을 원망하게 되는 경우는 그 상황을 무안하지 않게 "고객님 혹시 다른 카드 없으세요?" 했을 때 카드를 뽑고 손가락으로 카드를 한 바퀴 돌려 다시 그 카드를 넣는 고객들이다. 속으로 '아 그 말이 아닌데…'라고 땀을 삐질삐질 흘린다. 그럴 때는 매우 조심스럽게 "고객님이 카드에 잔액이 없다고 나오시네요"라고 알려드린다. 그럴 때면 고객은 "아차차"라고 소리를 내며 다른 카드를 카드 투입구에 넣는다. 그 순간은 약간의 정적이 흐른다. 약간의 정적에서 벗어나려고 나는 지상 최고의 바리스타가 된 것처럼 아주 친절한 목소리로 "아 괜찮아요. 다시 카드 넣어주세요"라고 말한다. 그러면서 내 말이 따뜻하게 들렸기를 바란다.

단체 고객은 괜찮지… 한눈에 보아도 만나기

시작한 지 얼마 되지 않은 연인들에게 그런 순간이 올 때면 나는 또 마음에 책임감이 생긴다. 어렵다. 나는 왜 이런 걸 어려워할까. 별것 아닐 수도 있는 일에 너무 많은 신경을 쓰는 것은 아닐까 생각한다. 그래도 그런 상황이 올 때마다 나는 '철저한 준비성을 가져야겠다'라는 생각을 한다. 미리미리 채워 넣어서 무안한 상황을 만들지 않기로 속으로 다짐한다.

산다는 것은 다 그런 것 같다. 보이지 않는 상황들 속에서 나도 모르게 일어나게 되는 사건들 때문에 무안한 상황, 어쩔지 모르는 상황이 생긴다. 준비성이 철저하다면 일어나는 사건들을 막을 수 있을까. 아마도 어쩔 수 없이 일어나는 사건들은 아무리 준비성이 철저해도 막을 수 없을 것이다. 막을 수 없는 일들에서 벗어나는 것은 조금 상황이 따뜻하기를 바라는 것이다. 조금 더 그 상황에게 친절하고 나에게 친절하며 따뜻함을 기다리는 것이다.

따뜻함은 모든 것을 녹일 수 있다.

"닉네임이 뭐예요?"

　　　　내가 일하고 있는 카페 어플에서는 고객의 소리(VOC, Voice Of Customer)를 남길 수 있다. 고객의 소리에는 커피가 맛이 없었다. 직원이 불친절했다. 매장이 더럽다. 뭐 그런 글들이 올라온다. 올라온 고객의 소리는 지원센터(본사)에 접수되고 다시 매장으로 전송된다. 전달된 고객의 소리는 답변을 해야하는 것이 의무이기에 매장 책임자는 그 답변을 작성한다. 흡사 민원을 받은 경찰관처럼 사건을 해결한다. 시럽이 안 들어간 것 같다는 VOC를 받은 경우에는 CCTV까지 돌려서 확인하는 경우도 있다. 파트너들에게 VOC란 받으면 기분이 좋지 않은 일종의 옐로카드처럼 느껴지기도 한다. 특히 내 이름이 적힌 경우에는 더욱 그렇다. 파트너들은 검은색 바탕에 흰색 알파벳스티커로 붙여진 닉네임을 초록 앞치마 위에 달고 근무를 한다. 그렇다 보니 몇몇 고객은 파트너들의 닉네임을 알고 가끔은 부르기까지 한다. 닉네임을 달고 근무하는 것은 이름을 걸고 한다는 뜻인데 그 덕에 닉네임이 적힌 VOC를 받기도 한다. 그런 경우 파트너 개인에게는 아주 비상이다. 일단 경위를 설명해야 하고 잘잘못을 따져야 한다. 하루에도 몇백의 고객을 응대하다 보면 기억이 나지 않는 순간들이 있고 기억에 나는 순간들이 있다. 기억에 나는 일이면 그 당시 상황을 설명하면 되지만 기억이 나지 않는 상황에서는 CCTV까지 보아야 하는 경우도 있다. VOC 답변을 위해 그렇게까지 해야 하나 싶지만 고객이 남긴 소리에 귀 기울여주는 것이 회사의 의무 아니겠나. 커피값에 그런 것까지 포함되어 있는지는 모르지만 가끔 이름을 걸고 일하는 것은 너무 무겁다는 생각이 들 때가 있다.

이런 경우가 있었다. 아침마다 오는 고객이었는데 그 사람의 닉네임은 X선생이었다. 어딘가에서 선생님으로 불리는 사람이거나 선생님이었겠지 했다. 그 선생님은 늘 스마트 오더로 주문을 했다. 그리고 음료를 픽업하기 전에 꼭 음료를 만들고 있는 나를 노려보았다. 느껴지는 느낌은 왜 이렇게 안 나오냐, 였다. 내가 일하는 공간에서는 음료가 차갑든지 따뜻하든지 슬리브를 함께 제공하지 않는 것이 원칙이다. 일회용품을 조금이라도 줄이기 위해서다. 하지만 따뜻함을 넘어서 뜨거운 아메리카노나 뜨거운 티 음료 같은 경우는 음료를 제공할 때 파트너가 슬리브를 껴서 제공한다. 음료의 온도가 95도 가까이 되기 때문이다. 그 선생님은 보통 라떼를 주문한다. 라떼는 보통 65도로 제공된다. 만지기에 엄청나게 뜨겁지 않고 고객의 취향에 따라 슬리브를 이용할 수 있도록 고객을 향해 슬리브가 배치되어 있다. 어느 날 그 선생님에게 제공할 라떼를 완성하고 콜링을 했다. 그 선생님은 나에게 오더니 "이걸 그냥 잡고 가라고?"라는 말을 던졌다. 나는 이런 대화에는 충분히 익숙한 파트너다. 나는 "고객님, 슬리브는 앞쪽에 배치되어 있어서 원하면 챙겨가시면 됩니다"라고 억지로 웃음을 지으며 이야기했다. 그러자 내 말을 기다렸다는 듯 "아니 이

쪽에 없는데?"라고 말했다. 배치되어 있던 슬리브가 모두 소진되어 있던 상태였다. 슬리브 디스펜서를 확인한 나는 "아 고객님 죄송합니다. 여기 있습니다"라고 슬리브 하나를 건네드렸다. 그러자 그 선생님은 슬리브를 컵에 끼우며 나에게 이렇게 말하고 걸어 나갔다.

"네가 끼워줘야지. 이렇게."

어처구니가 없었다. 선생님이 나가는 뒷모습을 바라보며 내가 무엇을 잘못했나 생각하고 있었다. 선생이라는 닉네임을 쓰면 누군가를 가르치고 싶어지는 건가. 그 순간 선생은 뒤를 돌아 나에게 다가왔다. 내 명찰을 보면서 이렇게 말했다.

"닉네임이 뭐예요?"
이것 역시 익숙했던 상황이다. 나는 또박또박 내 닉네임을 말해주었다. 나는 잘못한 것이 없으니 닉네임을 알려준들 어쩌겠나 싶었다.

그리고 나는 불안에 빠졌다. 잘못한 게 없지만

'내 닉네임을 왜 물어봤을까'부터 '그냥 알려주지 말 걸 그랬나' 같은 생각들로 하루를 살았다. 찝찝한 감정으로 하루를 보냈다. 결국 들어온 VOC는 없었다. 그렇지만 나는 하루를 그렇게 불안하게 살았다. 애초에 그 선생이 원한 것은 나의 불안하고 기분 좋지 않은 하루였을 지도 모른다. 가끔 이렇게 상대가 기분 좋지 않기를 바라는 사람들이 있다. 그렇게 느껴지는 순간은 의외로 티가 난다. 그럴 때면 훌훌 털어버리고 아무 일도 없었던 것처럼 생활하고 싶다. 나는 마음속에 감정저장소가 너무나 많다.

따뜻함은 모든 것을 녹일 수 있다.

마음도 싱크대로 버려진다

두 발을 길게 뻗고 포스기 앞에 서서 주문을 받는 일에는 주문을 듣는 일보다 중요한 일이 있다. 바로 주문을 확인하는 일이다. 처음 입사하던 날 명동역 지원센터 아카데미에서 교육을 받았다. 그때 주문을 받고 나서 결제 전에 꼭 주문을 확인하라는 교육을 받았다. 나는 아주 수동적인 사람이기에 교육받은 대로 결제 전에 꼭 주문 확인을 한다. 고객이 아메리카노와 자몽허니블랙티를 주문했다면 "고객님 아이스 아메리카노와 아이스 자몽허니블랙티 두 잔 주문하셨고 두 잔 전부 기본 톨 사이즈 맞으시죠?" 이렇게 복기하며 확인을 한다. 대부분의 고객은 말이 끝나기도 전에 스마트폰을 보면서 "네-"라고 대답하거나 들었는지 안 들었는지도 모르게 말이 끝나기도 전에 고개를 끄덕인다. 그들의 대답 아닌 대답에 영수증을 드리며 "음료는 영수증 주문 번호로 왼편에서 불러드릴게요"라고 말한다. 역시 말이 끝나기도 전에 대답한다. 고객님들은 항상 급하다.

고객과 나는 마주 보고 있다. 마주 보고 있는 우리, 나의 오른편 그러니까 고객의 왼편에서 음료를 제조하는 파트너가 음료를 콜링한다. "A-24번 고객님, 주문하신 아메리카노와 자몽허니블랙티 나왔습니다."

가끔 자신의 번호를 듣고 온 고객은 이렇게 말한다. "어? 저 따뜻한 아메리카노 시켰는데?"

음료를 만드는 포지션에 있는 파트너는 잘못이 없다. 에스프레소 머신 옆에 있는 디스플레이에 나와 있는 대로 제조했을 뿐이다. 그럼 대부분의 파트너들은 이렇게 말한다. "아, 고객님 따뜻한 걸로 주문하셨어요? 바로 다시 제조해 드릴게요."

그럼 제조되었던 차가운 아이스 아메리카노는 그대로 싱크대에 버려진다. 그리고 내 마음도 싱크대로 버려진다.

그저 '저 사람 아까 내가 물어봤을 때는 맞다고 하더니…'라고 속으로 지나간 고객을 원망한다. 그래도 따뜻하고 차갑고는 가격은 같으니 다행이다. 다시 제조하면 된다. 사이즈를 잘못 말하고 자신은 그 사이즈를 말하지 않았다고 하는 사람들이 있다. 그런 경우에 일하는 파트너들은 고객이 '말했다는' 사이즈로 다시 결제를 해야한다. 재결제를 진행하는 경우 고객들은 상당히 번거로워한다. '나는 속으로 그럼 핸드폰 하지 말고 제대로 듣지…'라고 생각한다.

사실 일하는 사람들은 주문받는 실수를 하기 아주 어렵다. 손가락으로 포스팅을 잘못하는 경우가 아니면 거의 없다. 듣고 그대로 디스플레이를 누르면 되는 간단한 일이기 때문이다.

아주 노골적으로 마음을 괴롭히는 사람들이 있

다. 포스기 앞에서 이어폰을 귀에 꽂은 채 음악을 듣거나 통화를 하며 주문하는 고객들이다. 이어폰을 귀에 꽂은 사람은 자신의 목소리가 얼마나 작은 소리인지 모른다. 귀에는 다른 음악 소리로 가득 차 자신의 목소리가 어느 정도인지 가늠하지 못한 채로 마스크 안으로 웅얼웅얼한다.

아주 작은 소리로 "아이스 아메리카노…" 웅얼웅얼거리는 목소리는 내 귀까지 들어오기에는 힘이 없다. 그럴 때는 주문을 제대로 받기 위해 웅얼웅얼거리는 목소리를 최대한 해석하고 고객께 묻는다. "고객님, 아이스 아메리카노 맞나요?"라고 물어보면 역시 답이 없다. 돌아오는 소리는 그들의 입에서 나는 소리가 아니라 그들의 귀에서 나는 소리다. 음악 소리에 청력에 문제가 생기지 않을까. 고객님을 걱정하며 고객님을 바라보고 있다. 그렇게 바라보고 있으면 고객님이 하던 행동을 멈추고 이어폰을 귀에서 뺀다. 그리고 못 알아듣는 나를 원망하며 '아이스 아메리카노요'가 아니라 "하… 아이스 아메리카노요"라고 짜증이 실린 목소리로 말한다. 짜증이 실린 목소리는 나에게 무겁게 넘어온다. 나는 속으로 '하…이스 아메리카노는 없는데… 하…^_^' 하며 밖으로는 억지로 웃는다. 이제 사이즈를 물어봐야 하는데 다시 귀에 이어폰을 넣는다.

끝나지 않는 주문을 빨리 끝내고 싶어 하는 것은 알겠지만 그래도 필요한 이야기는 해야 하지 않을까. 해야 하는 이야기를 하고 싶지 않으면 음료가 잘못 나오더라도 짜증을 내지 않아야 하는데 제대로 된 소통 없이 음료를 주문하고 소통 없이 제조된 음료를 자신이 주문한 것이라고 말하는 사람들은 상당히 이기적이다. 사람은 자판기가 아니다.

마시고 싶은 음료가 있다면 마시고 싶은 음료를 정확하게 말해야 한다. 원하는 것이 있다면 원하는 것을 정확하게 말해야 한다. 정확하게 하지 않은 것들은 결국 못마땅한 상황을 만든다. 음료뿐 아니라 모든 것이 그렇다. 원하는 것이 있다면 명확해야한다. 자신이 바라는 미래도 그렇다. 명확하게 하지 않고 귀에 이어폰을 넣은 채 미래를 바라면 멀미한다.

그 시절이 어쨌거나 지금의 나를 만들었다.
완성된 인간은 아니지만
이것저것 채워진 인간이 되었다.
시절은 그렇게 몸으로 체화된다.

쪽지 시험

　　　　새해가 되면 신년 프로모션, 봄에는 체리블라썸 프로모션, 여름과 겨울에는 프리퀀시, 연말에는 크리스마스 프로모션까지. 이외에도 셀 수 없이 많은 프로모션과 함께한다. 덕분에 프로모션 시기마다 매장의 분위기도 변화한다. 다양한 프로모션 음료와 다양한 푸드는 매일 매장을 방문하는 사람들에게 새로운 경험을 준다. 그 경험을 주기 위해 파트너들은 프로모션 이벤트에 대한 공부를 해야 한다. 이벤트에 대한 관련 공지는 사내 게시판을 통해 올라오기도 하고 전국에 있는 모든 매장마다 한 권의 책이 보내지기도 한다. 어플을 통해 음료 제조 영상을 보며 공부도 해야 한다. 이 모든 과정은 고객에게 경험을 전달하기 위해서만 하는 것은 아니다. 프로모션마다 하는 프로모션 테스트를 위해서다. 프로모션 테스트는 아주 작은 시험인데 어린 시절 보던 쪽지 시험 같다. 동그라미와 소나기가 시험지 안에 공존한다. 나는 그럴 때마다 나의 속셈학원을 생각한다.

어린 시절 나는 공부를 정말 못했다. 의자에 앉아 있는 것조차 싫어했고 글씨를 쓰는 것조차 싫어했다. 방과 후 매일 친구들과 놀이터에서, 동네 골목에서 술래잡기, 탈출 같은 것을 하면서 "꼼꼬미 꼼꼬미 누구 찔렀나." 이런 놀이들을 하기에도 너무 바빴다. 부모님은 그런 내가 걱정되었는지 나를 누나가 다니던 속셈학원으로 데려갔다. 다니던 초등학교 후문 앞에 있던 학원. 그렇게 나에게 학원이라는 것이 시작되었다.

원장 선생님은 수학을 가르쳤다. 원장 선생님은 빨간색 투스카니를 타고 다녔다. 학원은 여느 동네 학원처럼 전 과목을 가르치는 학원이었다. 중학교 시절을 전부 그 학원에 다녔다. 초등학교 5학년 때부터 고등학교에 들어가기 전까지 그곳에서 국영수과사 주요 과목을 배웠지만 아무것도 배우지 못했다. 내가 들으려고 하지 않았기 때문이다. 나는 정말이지 정말… 가르치기 어려운 아이였다. 쪽지시험을 볼 때마다 비가 내리는 시험지를 숨기며 집으로 돌아가는 아이였다. 비겁하지만 나만 그런 것이 아니었다. 그곳에 같이 다닌 나의 친구들은 대부분 그런 식이었다. 같은 학교에 다니지만 학교가 아니라 학원에서 알게 된 친구들이었다.

학교를 마치면 교복을 벗고 가장 편한 옷을 갈아입고 정남이네 집에서 모였다. 정남이네 집은 학원을 가기 전 들르던, 우리에게는 정거장 같은 곳이었다. 일주일에 다섯 번 정도 갔으니까. 정남이네 집은 나라보다 먼저 주 5일 근무를 시작했다. 정남이네 집에 하나둘 모이기 시작하면 모두가 같은 생각을 한다.

'오늘 학원 가지 말까.'

얼간이들은 매일 같은 생각을 하면서 결국 학원으로 간다. 매일 같은 고민을 하다 지각을 한다.

고민은 엉덩이 찜질을 번다. 다섯 명이 동시에 들어가면 혼나니까 우리끼리 순서를 정해서 들어간다. 학원 바로 앞에서 가위, 바위, 보를 하고 순서를 정해 들어간다. 아무리 순서를 정해서 들어가도 그건 어차피 사랑의 매에 엉덩이가 멍드는 순서를 정하는 일이었다.

그 시절에는 사랑의 매가 흔했다. 사랑이 아니었던 것은 알았지만 그래도 감정이 있지는 않았다. 동네 학원이다 보니 그래도 아이가 지각하는 사람이 되지 않았으면 하는 마음이었겠다고 좋게 생각하고 있다.

그 시절 공부를 조금이라도 했다면 나는 지금 어떤 환경에 있을까. 학원에서 전과목을 배웠지만, 그 시절 전공은 팽이치기였고 벨 누르고 도망치기였다. 일 년에 몇 번 보거나 볼 수 없거나 하는 인간들이 되었지만 어디서 다들 잘 먹고 잘살고 있겠지. 여전히 만나면 그 시절에 공부 좀 할 걸이라고 이야기를 하지만 후회하지는 않는다. 기억나지 않는 그 시절의 이야기를 회상할 뿐이다.

그 시절이 어쨌거나 지금의 나를 만들었다. 완성된 인간은 아니지만 이것저것 채워진 인간이 되었다. 시절은 그렇게 몸으로 체화된다. 그것을 경험이라고 부른다. 그리고 다른 말로는 추억이라고 부른다.

그 시절이나 지금이나 내 프로모션 쪽지 시험지에는 여전히 비가 내린다. 그렇다고 고객에게 경험을 줄 수 없는 것은 아니다. 쪽지 시험으로는 볼 수 없는 나만의 경험 습득과 전달이 있다. 쪽지 시험을 잘 본다고 전부 능숙하게 음료를 만들거나 공지에 관련된 질문 사항을 술술술 말한다고 할 수는 없을 것이다. 경험은 그렇게 쌓인다. 한 번씩 음료를 만들어 보거나 고객의 입장이 되어 보는 것이다. 고객의 입장에서 경험을 쌓고 고객이 그 경험을 바탕으로 추억을 가지고 돌아갈 수 있도록 한다. 가끔은 그렇게나마 노력을 한다. 조금 더 좋은 경험을 하도록.

조금 더 선로가 명확한 롤러코스터를
타고 싶을 뿐이다.

롤러코스터 같은 사람

　　　　　반복된 노동을 견디는 힘은 새로운 무언가를 하는 힘에서 온다. 매일 다섯 시간 이상 서서 일을 한다. 나보다 오래 일하는 사람이 많지만 자세부터 틀려먹은 나는 무릎과 발목 그리고 허리가 점점 고장 나는 느낌을 받는다. 고장 난 몸을 고치기 위해서는 운동을 해서 단련해야 한다고 하는데 운동을 하기에는 노동의 강도가 너무 세다. 노동을 마치고 나면 운동을 할 수 있는 힘이 남아있지 않은 느낌이다. 단련하기 어려운 노동이 하나 더 있다. 바로 감정노동이다.

　매일 다섯 시간 이상 감정노동을 한다. 나보다

더 많은 시간 감정노동을 하는 사람이 많지만 나는 아주 쉽지 않다. 내 마음 안에 놀이공원은 롤러코스터만 탈 수 있는 티켓이 있다. 나는 감정이 아주 롤러코스터인 사람이다. 내 롤러코스터는 매일 선로를 바꾼다. 선로를 바꾸는 사람조차 선로가 언제 위를 향하고 언제 아래로 향하는지 모른다. 위로 갔다 아래로 갔다 하는 감정들은 나를 가끔 너무 지배한다.

가끔 그런 말을 듣는다. 어디 아프냐는 말. 아픈 곳에 마음이 포함이라면 맞는 말이지만 대부분 그것을 물어보는 것은 아니겠지. 아프지 않은데 아픈 것처럼 보일 때가 많다. 기분이 좋지 않은 날에는 무표정한 하루를 보낸다. 매일 웃음을 지어야 하는 감정 노동자에게는 무표정은 고객에게 틈새를 주는 일이 될 때가 있다. 틈새는 아주 조그만 틈에도 벌어진다. 무표정하게 일을 할 때면 가끔 나에게 찾아와 기분이 나쁘냐고 물어보는 고객도 있고, 나보다 더 무표정하게 아니, 무표정을 넘어 쳐다보지도 않고 가는 고객들도 있다. 어쩔 수 없는 노릇이지만 노동자는 노동을 해야 하니까 하나하나 응대하지 않는다. 아니 응대는 하지만 상대는 하지 않는 다는 말이 더 맞는 말일 수도 있다.

나의 롤러코스터 같은 감정 기복이 나와 함께 일하는 사람들에게도 영향을 줄까 겁이 난다. 나는 기분이 좋지 않을 때는 혼자 많은 생각을 하는 사람이다. 기분이 좋지 않을 때는 나의 과거를 하나하나 되짚어 보면서 현재를 불행하게 생각하고, 현재를 생각하며 미래를 어둡게 바라본다. 나는 그런 생각을 하며 아무런 표정을 하지 않는다. 아주 좋지 않은 습관이지만 마음이 롤러코스터를 타는 것은 내 생각대로 되지 않는다. 조금 더 선로가 명확한 롤러코스터를 타고 싶을 뿐이다.

혼자 일하지 않는 일을 하고 있다. 같이 일을 하는 것은 동료에게 영향을 주기가 아주 쉽다. 동료끼리 호흡이 잘 맞을 때 더 나은 서비스가 생긴다고 생각한다. 어찌 되었든 서비스를 전달하는 것이 내가 하는 일 중의 하나이니까. 하지만 마스크를 써서 그런가 호흡이 잘 맞지 않을 때가 많다. 호흡 중간에 무언가 필터링된 느낌.

나의 무표정과 컨디션이 좋아 보이지 않는 모습은 함께 있는 사람에게 전염될 수도 있다고 생각한다. 기분은 하품 같은 것이니까. 그래서 최대한 밝은 사람이 되어보려고 노력한다. 어색한 사이지만 말을 먼저 걸어보기도 한다. 사람은 자석 같은 것이라고 생각한다. 조금 더 마음이 붙기를 바라면서 말을 걸어본다.

커다란 노력을 의무로 가지지 않는 것이 조금 더 롤러코스터를 수월하게 타는 방법 같다. 조금 더 부담 없이 롤러코스터를 타고 싶다. 기분에 무임승차 했으니 조금 더 눈치 보지 않아야겠다. 남들에 너무 눈치를 보고 신경을 쓸수록 내가 타고 싶은 놀이기구를 타지 못하니까. 내가 타고 싶은 것 타고 있는 것에 집중해야겠다.

음료가 만조를 이루는 순간

       출퇴근 시간의 전쟁 러시아워. 매장에서는 러시타임이란 용어가 있다. 커피가 필요한 시간들. 출근 시간이나 점심시간이 지난 직후 매장에 많은 고객이 몰린다. 카페인이 필요한 시간 나도 카페인이 필요해진다. 사람들이 몰리면 사이렌 오더나 포스 주문이 정신없이 몰려들어온다. 성난 파도같이 계속 들어온다. 주문의 밀물. 음료가 만조를 이룬다. 매장 문이 열리고 닫히는 기능을 상실한 상태. 러시타임은 그렇게 시작된다.

    러시타임마다 상당한 고난을 겪는다. 주문을 받는 파트너는 계속 말을 해야 해서 입에 침이 마른다. 얼음을 푸는 파트너는 제빙기에서 계속 얼음을 푸고 컵을 채우고 다시 얼음을 푼다. 그래도 아무래도 가장 힘든 파트너는 음료를 제조하는 파트너이다. 두 잔에 집중하며 한 잔 한 잔 음료를 만든다. 정성스럽게 만들려고 하지만 정성스럽게 만들기는 어렵고 소란스럽게 매우 스피디하게 만드는 것이 중요하다. 정성스럽게 만들면 속도는 느려지고 속도가 느려지면 고객의 눈에서 레이저가 나오기 때문이다. 정성을 다해 빠르게 만드는 것이 중요하지만 정성을 다하다 보면 계속 더 쉴 틈 없이 음료의 파도에 빠진다.

우리 매장은 보통 러시타임 때에 시간당 적게는 60만 원 정도 많게는 100만 원 정도 매출을 올린다. 아메리카노 한 잔당 5,000원이라 치면 120잔. 대충 30초에 한 잔을 만든다. 보통 에스프레소 머신에서 한 샷이 18초에서 23초 사이로 나온다. 쉬지 않는 머신과 함께하는 속도와의 전쟁. 하지만 사람은 머신이 아니다. 쉬지 못하고 움직이는 손과 눈 그리고 정신은 혼미하다. 정신없이 음료를 만들다 보면 손으로 우유를 툭 하고 건드려 시꺼먼 머신 앞이 하얀 물이 든다. 없는 정신을 완전히 소멸시키는 실수. 쏟은 우유를 깨끗하게 닦다 보면 옆에서는 주문하고 앞에서는 레이저를 쏜다. 이러지도 저러지도 못하는 상황. 축축한 앞치마를 매고 계속 음료를 만든다.

이미 엎어버린 우유를 신경 쓰다 보면 해야 할 일을 하지 못한다. 일단 음료를 제조하고 치우는 것은 나중으로 미룬다. 러시타임에는 음료를 제공하는 일이 우선이니까.

나는 마음의 러시타임이 많은 사람. 신경 쓰는 것들이 너무 많다. 생각이 너무 많아서 아무것도 못 하는 사람. 미지근한 물에 따가운 후회를 부어 넣는 사람이다. 아무 맛도 없는 쓰기만 한 마음을 가지고 산다. 후회라는 따끔함에 속이 쓰리다. 하얀 우유를 목구멍에 아무리, 아무리 넣어도 쓰린 속이 나아지지 않는다.

이미 엎어버린 우유를 신경 쓰지 말아야지. 후회를 잘 닦아서 재활용 쓰레기통에 버리자. 분리수거를 철저히 해야겠다. 후회보다 현재가 속 편한 미래를 만드니까.

그냥 흘러가는 대로 가 보자

도무지 알 수 없다. 하루는 느리게 흘러가는 느낌인데 눈 끔뻑하니까 일주일이 지나있다. 시간이 너무나 빠르게 흐른다. 해야 하는 일, 해야 했던 일투성이다. 잠도 많이 자고 싶다. 하루가 48시간이라면 좋겠다.

마음의 짐칸에 남은 공간이 없다. 여유로 가는 열차가 매진이다. 여유가 필요하다. 차근차근하면 된다고 생각하면서 마음 보채고 있다.

신발 바닥에 붙은 껌을 떼어내다 앞으로 가지 못하고 있다. 별 아무것도 아닌 일에 걱정하고 있다. 계속 꾸준하게 걷다 보면 어차피 떨어질 껌 같은 것들.

흘러가다 보면 언젠가는 목적지에 도착해있겠지. 어디쯤일까라고 묻지 말고 '그냥 흘러가는 대로가 보자'라고 생각할 수밖에.

'행보'에서 'ㄱ' 하나만 더 붙이면 '행복'이라는 단어가 되듯

 같이 일을 하다 떠난 사람들이 있다. 미래를 위해 퇴사를 한 사람도 있었고 진급 시험에 합격해 높은 직책으로 발령이 나 떠난 사람도 있었다. 나도 떠난 사람이 되어본 적이 있다. 인근에 새롭게 오픈하는 매장으로 발령이 났었다. 당시 나는 떠나면서 나도 모르는 눈물을 흘렸다. 기존과 멀어지는 것 같은 기분이 들었다. 익숙함을 이제는 다시 서투름으로 바꾸어야 하는 두려움도 있었다. 그렇게 새로운 매장을 가서 매장의 오픈 준비를 시작했다.

 새로운 매장에서 새로운 사람들을 만났다. 그들

은 모두 떠난 사람들이었다. 떠난 사람인 동시에 새로 온 사람이 되었고 새로 만난 사람들은 같이 일하는 사람들이 되었다. 모든 처음은 어려움이다. 각자 다른 곳에서 온 사람들이 한 일터를 만드는 일은 서로의 생각을 존중하는 일이었다. 서로에 대해 익숙해지는 시간이었다. 학창 시절이 생각났다.

새로운 학년이 되면 새로운 담임선생님과 새로운 친구들과 익숙해지기 위해 부단히 노력했던 시절이 기억났다. 굳이 노력하지 않아도 시간이 익숙한 관계를 준다는 것을 그때는 몰랐다. 시간, 시간이 모든 것을 익숙해지게 만든다.

같이 지내다 먼저 떠난 사람들이 생각난다.

함께 지내면서 경험한 대화나 행동을 통해 그 사람들을 알 수 있었다. 얼마나 배려가 많은 사람인지, 자신의 일에 집중을 하는 사람인지, 손이 빠른 사람인지, 아니면 손은 느리지만 더 섬세한 사람인지 뭐 그런 것들을 알 수 있었다. 함께 일했던 사람들이 떠나갈 때는,

"조만간 밥 먹자.", "좀 한가해지면 보자."

따위의 말을 주고받는다. 물론 당시에는 진심이었다. 하지만 우리 모두 알다시피 시간이 흐르면 그런 끈끈함은 침식된다. 끊임없이 몰려오는 피로와 날마다 늘어가는 걱정의 파도에 침식되어 그 자리에 무언가 남았던 흔적만을 남긴다. 흔적은 가끔 떠올리는 기억으로 존재한다.

그들 행보에 푸르던 기억을 더하고 싶다. '행보'에서 'ㄱ' 하나만 더 붙이면 '행복'이라는 단어가 되듯. 우리가 어디로 걸어가는지 우리도 아직 모르지만 그들의 '행보'와 나의 '기억'이 만나 우리가 걸어가는 모든 곳이 '행복'했으면 좋겠다.

나가며

어떤 소리에 귀 기울여야 할까요.

아주 조용한 소리에도 귀 기울이며 살아갑니다. 고객이 하는 말을 듣고 내가 하는 말을 듣습니다. 귀로 듣고 마음으로 듣습니다. 나는 어디쯤 있는 인간일까요. 생각이 나를 만들지는 않지만 매일 다양한 말을 듣고 다양한 생각을 합니다.

나는 경계선에 서 있는 사람입니다. 가끔은 얼음 가득한 아이스 라테가 되고 싶고 가끔은 뜨거운 아메리카노가 되고 싶습니다. 산다는 것이 이렇게 복잡합니다. 내가 원하는 커피가 무엇인지 내가 하고 싶은 것이 무엇인지 모르겠습니다. 안개 가득한 언덕을 걷고 있습니다. 흐릿하게 살아가고 있습니다. 언덕을 오르는 기분이 상쾌하지만은 않습니다.

다만,
들리는 소리에 가슴이 조금 따갑습니다. 언제쯤 마음에 딱지가 생길까요. 그래야 새살이 날 수 있을 텐데요. 앞으로도 많이 따끔거릴 예정입니다. 저는 언제나 부주의했으니까요. 그래서 더 들으려 합니다. 저는 고막이 마음에 있는 사람이니까요. 가면을 쓰고 살아가지만 마음에서 두근두근 소리가 납니다. 오늘도 고막이 바쁘게 두근거립니다. 온몸에 온기가 가득해지고 저는 그렇게 따뜻해집니다.

글쓴이 이성혁

가면을 쓰고 지냅니다.
고막이 마음에 있어서 조그만 말에도 크게 진동합니다.
내가 제일 들어야 할 말은 내 마음에서 울린다고 믿습니다.

<2분 30초 안에 음료가 나가지 않으면 생기는 일>을 썼습니다.

@relaxlsh

내가 카페에서 들은 말

내가 카페에서 들은 말
STORAGE BOOK & FILM series #9

글 이성혁

표지 일러스트 **키미앤일이**
편집 **오종길**
디자인 **김현경**

펴낸곳 STORAGE BOOK AND FILM
홈페이지 **storagebookandfilm.com**
이메일 **storagepress@gmail.com**

SNS / instagram **@storagebookandfilm**

초판 1쇄 펴냄 **2021년 12월 3일**
초판 3쇄 펴냄 **2024년 10월 10일**

* 이 책의 내용의 전부 또는 일부를 재사용하려면
펴낸곳을 통한 저작자의 동의를 받아야 합니다.